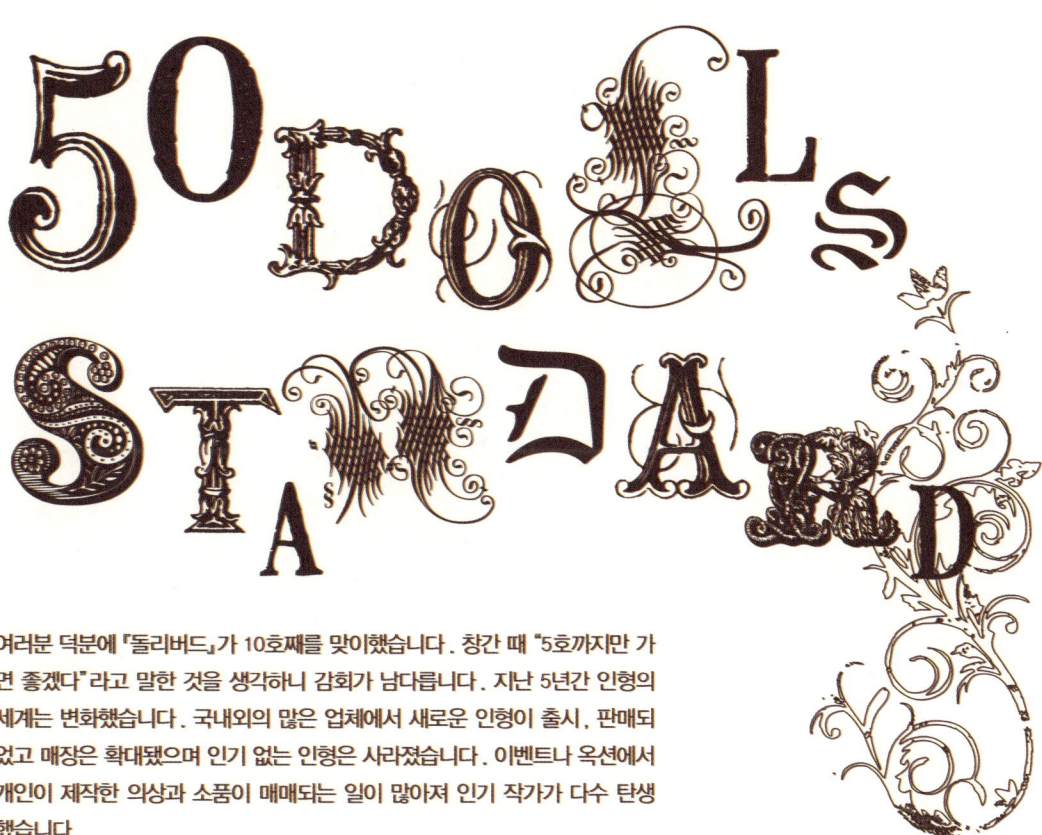

여러분 덕분에 『돌리버드』가 10호째를 맞이했습니다. 창간 때 "5호까지만 가면 좋겠다"라고 말한 것을 생각하니 감회가 남다릅니다. 지난 5년간 인형의 세계는 변화했습니다. 국내외의 많은 업체에서 새로운 인형이 출시, 판매되었고 매장은 확대됐으며 인기 없는 인형은 사라졌습니다. 이벤트나 옥션에서 개인이 제작한 의상과 소품이 매매되는 일이 많아져 인기 작가가 다수 탄생했습니다.

이번 10호의 테마는 스탠더드! 유명세를 타고 있는 18명의 작가들이 각 인형의 본질과 능력을 돋보이게 해줄 아름다운 란제리를 제작했습니다. 모델은 현재 일본에서 인기를 모으고 있는 인형 50종. 인형옷은 모두 실물 패턴이 첨부되어 직접 만들 수 있습니다.

photo : Alain Tremblay P4-6 / Nobuo ISEKI(StudioR) P7-26,32-42,44-56 / Hisayoshi TAMAI P27-31,43

※패턴의 저작권 보호에 관한 주의사항
이 책에 게재되어 있는 패턴을 상업적으로 무단 사용하는 일은 어떠한 경우에도 금합니다.

Queen V

Fashion Royalty
Dollybird10
Exclusive
by Jason Wu

패션 로열티
돌리버드 10 독점판매

의상과 소품
— 정성스럽게 만든 엘리자베스풍 칼라의 드레스를 뒷면이 섬세한 레이스업 코르셋의 란제리와 세트로 맞춰주었습니다. 액세서리로는 다이아몬드 느낌의 골드 주얼리를 선택했고, 같은 분위기의 더블 링과 귀걸이도 코디했습니다. 여기에 「W」의 로고와 「돌리버드」 기념일의 로고가 달린 왕관을 세트로 만들었습니다.

디자인 콘셉트
— 기념해야 할 「돌리버드」의 테마가 STANDARD이었기에, 우리의 새로운 시도가 담긴 베이직 인형을 발표하기 위해 패션 로열티(Fashion Royalty, FR)의 초대 캐릭터 중에서 가장 인기 있는 베로니크(Veronique)를 제공했습니다. 피부는 레진 인형과 같은 컬러를 갖고 있고, 패션은 '클린 엘리자베스'로부터 영감을 받았습니다. 이름은 "Queen V", 퀸 베로니크의 약자입니다.

「돌리버드」 10호 기념 모델 FR "Queen V" 디자이너 제이슨 우에게 질문했습니다.

션 'Valia'와 16인치 'AvantGuard'에 도전하는 일이 저를 흥분시킵니다. 저는 지금도 전체 컬렉션 라인업과 관련해, 모든 프로토 타입(제품 원형)의 얼굴을 직접 그리고 있습니다.

10년 후의 야망
— 전 세계에서 저의 인형 컬렉션 라인업을 키우고 싶습니다. 우리는 금년에 공식적으로 '인테그리티 토이즈 재팬(Integrity Toys Japan)'을 설립할 예정이며, 국내시장용 제품 개발에도 집중할 것입니다. 최고의 소장용(컬렉션) 인형을 만들기 위해 계속 달리겠습니다!

제이슨 우 / Fashion Royalty 제작 책임자

헤어스타일과 메이크업
— 레진의 아름다움에 새로운 피부색을 살리기 위해 에어브러시로 부드러운 메이크업에 도전했습니다. 눈 메이크업을 보다 사실적으로 표현하기 위해 무려 25개 이상의 마스크에 채색을 했습니다. 손 역시 메이크업을 해주었고, 긴 속눈썹도 포인트입니다.

인형 콘테스트 입상으로부터 10년
— 제가 아직 인형의 세계에 있다는 것이 기쁩니다! FR 컬렉션을 갖는 것은 제게 꿈이었습니다. 매일 많은 컬렉션에 낼 신작을 만드느라 바쁘지만, 덕분에 시리즈는 계속 진화하고 혁신적으로 변화하는 중입니다. 신작 컬렉

Fashion Royalty Dollybird10 Exclusive
"Queen V" Gift Set

패션 로열티 「돌리버드」 10 독점판매
"Queen V(퀸 베로니크)" 선물 세트

사진의 모델 「퀸 베로니크」를 본 잡지에서 한정 판매했습니다.
117쪽을 참고하세요.
가격 ● 34,000엔(세금포함)
한정 수량 ● 450세트

※ 판매는 종료됐습니다.

FR N.I.P.PON MISAKI
BY JASON WU

FR 니폰 미사키
by Jason Wu

NU FACE
BY JASON WU

누페이스
by Jason Wu

SKIPPER
BY KATE MITSUBACHI

스키퍼
by Kate Mitsubachi

TINY BETSY McCALL & SYLVANIAN FAMILIES
BY LOVESOUND

타이니 벳시 맥콜 & 실바니안 패밀리
by LOVESOUND

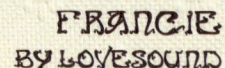

프랜시
by LOVESOUND

ODECO & NIKKI
BY DAISY-D

오데코 & 니키
by Daisy-D

LITTLE JUNIOR
BY HONEY MERYL

리틀 주니어
by Honey Meryl

UNOA QULUTS LIGHT
BY LITTLE PRINCESS

유노아 크루스 라이트
by Little Princess

EMILY
BY MINA ONISHI

에밀리
by Mina Onishi

DOLLFIE DREAM
BY SAWAKO ARAKI

돌피 드림(DD)
by Sawako Araki

PURENEEMO
BY DIE KLEINE

퓨어니모
by Die Kleine

UNA & LINO
BY YUKIYO SHOJI
우나 & 리노
by Yukiyo Shoji

DOLLCENA & LITTLE PULLIP & PETITE BLYTHE
MAME MOMOKO & KELLY
BY YUKARI KYUSUKE

돌체나 & 리틀 푸리프 & 쁘띠 브라이스 & 마메 모모코 & 켈리
by Yukari Kyusuke

50 DOLLS

패션 인형의 즐거움은 '옷 갈아입히기'입니다. 인형 각각에 맞춰 전용 의상이 만들어져 있습니다만, 신체 치수가 비슷하다면 다른 인형의 옷도 입힐 수 있습니다. 여기서는 각 인형의 신체 치수와 상세 내용을 소개합니다. 인형이 입은 란제리들은 작가의 창작품입니다. 모든 패턴이 책 뒤에 실려 있으니 즐겁게 만들어보세요. 치수가 비슷한 인형에 쉽게 입힐 수 있는 옷이 많습니다.

text : Megumi TAIRA / Dollybird editor **photo** : Hisayoshi TAMAI / Nobuo ISEKI (StudioR)

키 … 정수리에서 바닥면까지 인형의 전체 높이
소매길이 … 팔 부분의 관절에서 손목 위치까지의 길이
밑아래 길이 … 다리 부분이 몸체에 부착된 위치부터 바닥면까지의 높이
머리둘레 … 이마~귀~목덜미를 지나는 머리카락의 위치에서 한 바퀴 둘레의 길이
어깨너비 … 몸체 부분의 한쪽 어깨부터 다른 어깨까지의 길이
발 길이 … 발바닥 뒤꿈치에서 발끝까지의 길이
가슴둘레 … 가슴 부분에서 가장 굵은 부분의 둘레를 잰 길이
허리둘레 … 상반신에서 가장 가는 부분의 둘레를 잰 길이
엉덩이둘레 … 엉덩이에서 가장 굵은 부분의 둘레를 잰 길이

※사이즈는 본지 편집부에서 치수를 재는 테이프를 몸체에 붙이고 계측한 것입니다. 재는 방법에 따라 제조사에서 표기한 사이즈와 다를 수 있다는 점, 양해 바랍니다.

SUPER DOLLFIE 16

16세로 성장했다는 설정의 슈퍼 돌피 시리즈. SD13보다 크고 갸름한 얼굴에, 완전히 성숙한 체형을 갖고 있습니다. 현재 판매되고 있는 것은 한정 모델뿐인데, 미국 한정판입니다. 보디는 남녀 두 가지 타입. 자세를 쉽게 유지할 수 있도록 관절에 미끄럼 방지 시트를 끼워 넣은 새로운 관절구조 KIPS(Keep It Posed System), 무릎 아래가 일체화된 하이힐 대응 '힐발' 부품이 등장한 것도 이 시리즈입니다.

Doll data

- [인형명] 슈퍼 돌피® 16
- [회사명] 보크스
- [발매시작] 2005년
- [주요소재] 레진캐스트
- [모델] 아메리카
- [참고가격] 94,500엔
- [제조] Valico

가장 큰 특징은 아름다운 발. 제공되는 노멀 발의 부품을 끼우거나, 힐발에 딸린 전용 신발을 신지 않으면 자립하지 않습니다. 멋쟁이의 완성은 발밑에서부터☆입니다.

머리둘레 22.5cm
어깨너비 10.2cm
소매길이 19.2cm
키 63.0cm
밑아래 길이 33.0cm
발 길이 7.2cm(H)

B : 27.0cm
W : 16.4cm
H : 26.8cm

45-64cm dolls
35-44cm dolls
25-34cm dolls
15-24cm dolls
05-14cm dolls

How to make 슬립
1. 겉 요크(조젯)에 접착심지를 붙인다.
2. 재단해놓은 프릴용 원단 2장을 겹쳐 주름을 잡고, 겉 요크와 겉끼리 마주대어 재봉한다.
3. 치마의 옆선을 재봉한 후, 오버로크 재봉하고 시접은 뒤로 넘긴다.
4. 진동둘레를 안쪽으로 5mm 접고, 바이어스테이프로 감싸서 재봉한다.
5. 치마 둘레에 인터로크 재봉하고, 지정된 위치에 레이스를 올려 재봉한다.
6. 치마 윗부분에 주름을 잡는다.
7. 겉 요크와 치마를 재봉해 합친다.
8. 겉 요크와 안 요크를 겉끼리 마주대어 재봉한다. 겉쪽으로 뒤집고 안쪽을 감침질한다.
9. 요크에 실 고리와 비즈를 단다.
10. 레이스에 리본을 통과시켜준다.

How to make 쇼츠
1. 뒤집을 부분을 남기고 겉끼리 마주대어 재봉한다.
2. 겉으로 뒤집어 열린 부분을 감침질한다.
3. 가장자리에 리본을 달아준다.

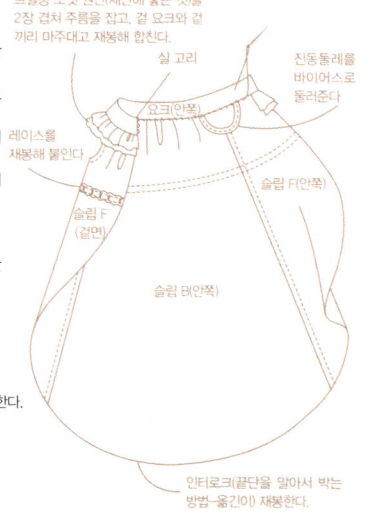

실 고리
진동둘레
요크(안쪽)
레이스를 재봉해 붙인다
슬립 F(안쪽)
슬립 F(겉면)
치마 윗부분에 주름을 잡는다
프릴용 조젯 원단재단해 놓은 깃을 2장 겹쳐 주름을 잡고, 겉 요크와 겉끼리 마주대어 재봉해 합친다.
진동둘레를 바이어스로 둘러준다
슬립 F(안쪽)
인터로크(끝단을 말아서 박는 방법-중간이) 재봉한다

재료 (가로X세로)

슬립
- 폴리에스테르 조젯(georgette) 110cm X 100cm
- 프릴용으로 바이어스 재단한 조젯
  2cm 너비 X 80cm, 3cm 너비 X 80cm
- 면 오건디 18cm X 17cm
- 바이어스테이프 1.5cm 너비 X 20cm
- 레이스 1cm 너비 구멍 레이스 X 60cm
- 비즈 스와로브스키 직경 0.4cm X 3개
- 리본 0.3cm 너비 X 100cm
- 실크 접착심지 20cm X 16cm

쇼츠
- 폴리에스테르 조젯 28cm X 20cm
- 리본 0.3cm 너비 X 110cm

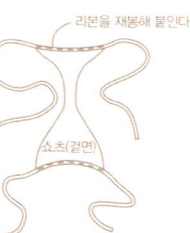
리본을 재봉해 붙인다
쇼츠(겉면)

Super Dollfie 16
design by Kaori SAITO

BACK   FRONT

UNOA QULUTS ZERO

궁극의 관절인형을 목표로 만들어진 유노아 크루스 60cm 버전. 그 제작 과정이 『호비재팬』지면에 연재되었고, 본지 9호에서 판매가 시작됐습니다. 입을 꼭 다문 야무진 얼굴의 마리온, 입술을 살짝 벌린 차분한 얼굴의 라티아, 두 종류의 얼굴 부품을 교체하면서 즐길 수 있습니다. 가동 부품의 분할 라인을 종래보다 최대한 늘리지 않으면서 움직임의 범위를 확보한 구조로, 늘씬한 성인 체형의 몸을 완성했습니다.

머리둘레 21.7cm
어깨너비 8.2cm
소매길이 19.4cm
키 62.5cm
밑아래 길이 32.3cm
발 길이 7.6cm

B : 25.1cm
W : 16.6cm
H : 27.5cm

▶이것이 마리온의 얼굴. 익숙한 눈의 움직임 특수효과도 건재!

Doll data

[인형명] 유노아 크루스 제로
[회사명] 호비재팬
[발매시작] 2007년
[주요소재] 레진캐스트

[모델] 라티아
[참고가격] 88,000엔
[제조] 아라키 겐타로

아라키 겐타로 씨가 야심차게 발표한 제로의 관절 부품에는 다양한 특수효과개 관절인형 사상 최대의 부품 개수, 가동 범위, 그리고 그 내구성은 꼭 한번 경험해볼 가치가 있습니다.

UNOA QULUTS zero
design by Little Princess

BACK | FRONT

재료(가로X세로)

캐미솔 & 드로어즈
- 면 론(아사 면 60수) ··· 30cm X 60cm
- 토션 레이스 ··· 0.4cm 너비 X 100cm
- 사다리 모양 레이스 ··· 0.7cm 너비 X 60cm
- 자수용 실크 리본 ··· 적당히
- 자개단추 ··· 직경 9mm X 5개
- 실크 테이프(0.4cm 너비) ··· 적당히
- 접착심지 ··· 적당히

코르셋
- 실크 산탄 ··· 70cm X 30cm
- 면 론(분량은 위에서 계산됨)
- 망사 레이스 ··· 2cm 너비 X 30cm
- 진주 비즈, 자수용 실크 리본 ··· 적당히
- 자수 리본 ··· 0.4cm 너비 X 7cm
- 접착심지 ··· 적당히

How to make 캐미솔

① 앞판을 대충 잘라 핀턱 주름을 재봉한다. 1cm 폭의 바이어스테이프를 40cm 만들어둔다. 프릴용 원단의 단에 레이스를 재봉하고, 듬성듬성 시침질을 해서 주름을 잡는다.

② 앞판과 앞 옆판, 뒤판과 뒤 옆판을 각각 겉끼리 마주대어 재봉하고 시접을 중심 쪽으로 접는다. 몸판 밑단에 프릴 장식을 재봉한 후, 시접을 몸판 쪽으로 넘기고 상침 재봉한다. 뒤중심에 접착심지를 붙여둔다.

③ 뒤중심을 안쪽으로 접어넣고 다리미로 눌러준다. 몸판 위쪽(목둘레~진동둘레)을 바이어스로 감싸준다.

④ 목둘레에 리본을 통과시킨 사다리 모양 레이스를 재봉한다. 뒤중심에 버튼홀스티치로 단춧구멍을 만들고 단추를 달면 완성.

How to make 드로어즈

① 패턴보다 크게 대충 잘라 핀턱을 잡아준다. 밑단 레이스, 리본 통과시킨 사다리 모양 레이스를 재봉한다. (※리본은 양 끝을 밖으로 몇 센티 빼놓는다.)

② 앞판 밑위를 겉끼리 마주대고 재봉한다. 앞중심에 허리띠의 트임을 만들어주고, 허리를 안쪽으로 접어 고무줄을 통과시킨다.

③ 뒤판의 밑위와 밑아래를 재봉해서 완성. 사다리 모양 레이스에 통과시켜놓은 리본을 잘라준다. 인형에 입힐 때는 다리에 맞춰서 졸라맨 다음에 매듭을 묶어준다.

How to make 코르셋

① 각 몸판의 겉감을 겉끼리 마주대어 재봉해 모든 시접을 가른다. 안감도 같은 방법으로 만든다. 뒤중심과 앞중심에 접착심지를 붙이고, 겉감으로 너비 1~1.5cm의 바이어스테이프를 30cm 만들어둔다.

② 겉감 상단에 망사 레이스를 덧대어 재봉한다. 겉감 안감을 겉끼리 맞대고 뒤중심~상단~앞중심까지 쭉 재봉해 뒤집고, 다리미로 정돈한다.

③ 밑단을 바이어스테이프로 감싸고, 상단에 장식용 레이스를 둘러 재봉한다.

④ 뒤중심에 아일릿 구멍을 뚫고 리본을 X자로 엮어준다. 앞중심에 단춧구멍을 만들고 단추를 달면 완성.

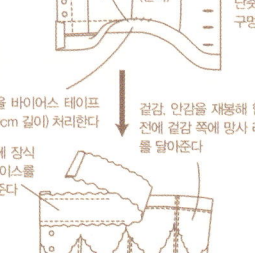

※단춧구멍과 아일릿 구멍이 있는 부분은 안쪽에 접착심지를 붙여서 보강해준다

아일릿 구멍
코르셋(안쪽)
단추 구멍

바이어스테이프로 감싸준다
바이어스테이프 (1cm 너비)
몸판(안쪽) 몸판 옆(안쪽)

밑단을 바이어스 테이프로(30cm 길이) 처리한다
상단에 장식용 레이스를 달아준다

겉감, 안감을 재봉해 합치기 전에 겉감 쪽에 망사 레이스를 달아준다
코르셋(겉) 코르셋(안)
단추(진주 비즈 등)를 달아준다

©Gentaro ARAKI

HARUKA OBITSU 60

제로 굿즈 유니버스(ZERO GOODS UNIVERSE)와 주식회사 오비츠 제작소가 공동 개발한, 60cm 사이즈의 패션 인형. 헤드, 가발, 유리 안구는 모두 HARUKA DOLL 전용으로 제작된 것입니다. 유리 안구와 가발을 바꿔가며 다양한 표정을 즐길 수 있습니다. 가동성과 내구성을 위해 첫해에는 오비츠 보디 60을 사용했습니다만, 2006년 이후에는 기존의 오비츠 보디에 구체관절을 적용한 오비츠 60 하이브리드 보디를 사용하고 있습니다.

머리둘레 20.1cm
어깨너비 8.9cm
소매길이 17.0cm
키 59.0cm
밑아래 길이 32.0cm
발 길이 5.8cm

B : 23.9cm
W : 14.1cm
H : 22.4cm

Doll data

[인형명] 하루카(오비츠 60)

[회사명] 제로 굿즈 유니버스 / 오비츠제작소

[발매시작] 2005년

[주요소재] PVC + ABS 골격

[모델] ZERO GOODS ver.

[참고가격] 49,800엔

발에 강력한 자석이 내장되어 철제 스탠드에서 자립할 수 있습니다. 잘 벗겨지지 않는 자석 신발도 고맙습니다! 여기 소개하는 란제리는 같은 보디를 가진 60 사라와 캐릭터 인형(아존의 60cm 사라 인형급)에도 입힐 수 있습니다.

How to make 베이비 돌

① 브래지어 상단의 완성선을 접고 레이스를 덧대어 재봉한다.
② 브래지어 하단을 홈질하여 4.5cm로 줄여놓는다.
③ 치마 아랫단을 접어 재봉한다.
④ 치마 상단을 홈질하고, 가슴띠의 폭에 맞추어 주름을 잡는다.
⑤ 치마와 가슴띠를 합쳐 재봉하고, 겉에서 상침 재봉한다.
⑥ 앞단을 완성선대로 접고, 레이스를 덧대어 재봉한다.
⑦ 가슴띠의 ★과 브래지어 아랫단의 ★을 맞추어 재봉해 합친다.
⑧ 가슴띠의 완성선을 접어 겉에서 상침 재봉한다.
⑨ 어깨끈의 위치에 리본을 달아준다. 완성 치수는 10.5cm.
⑩ 앞단에 리본을 달고 아랫단에 깃털 장식 끈을 달아준다.

How to make 프릴 쇼츠

① 허리와 허벅지 둘레의 완성선을 접고, 끝에서 5mm 위치에 상침 재봉한다.
② 허벅지 둘레에 레이스를 달아준다.
③ 앞뒤 팬츠에 레이스를 재봉해 붙여준다. 레이스는 아래쪽 단부터 붙여나간다. ※고무 레이스는 재봉 후에 고무 부분을 잘라낸다.
④ 허리와 허벅지 둘레에 고무줄을 통과시킨다. 고무줄은 양끝이 움직이지 않게 고정한다.
⑤ 뒤중심의 트임 끝 위치까지 재봉하고 시접을 가른다.
⑥ 뒤쪽의 여밈 부분에 매직테이프를 붙인다. 매직테이프는 아래쪽(편편한 쪽—움긴이)이 덧단이 되도록 달아준다.
⑦ 밑아래를 재봉하고 시접을 가른다.
⑧ 앞중심에 하트 모양의 장식 모티브를 접착한다.

How to make 브래지어

① 재단한 각 부분과 대충 자른 시폰을 겹친다. 시접에 본드를 발라 접착하고, 남는 부분은 잘라낸다.
② 컵의 다트를 재봉하고 시접을 가른다.
③ 브래지어 몸판의 ★ 부분 시접에 가위집을 넣고, 컵의 ★ 부분과 재봉해 합친다(★은 패턴지 참조). 시접을 몸판쪽으로 접고, 상침 재봉한다.
④ 몸판과 컵의 상단을 완성선대로 접고, 컵의 ○ 부분에 레이스를 덧대어 재봉한다(○는 패턴지 참조).
⑤ 몸판의 앞중심을 재봉해 합치고 시접을 가른다.
⑥ 몸판의 아랫단을 접고 레이스를 덧대어 재봉한다.
⑦ 뒤중심을 완성선대로 접고 매직테이프를 붙인다.
⑧ 어깨끈 위치에 리본을 단다. 완성 치수는 10.5cm.
⑨ 앞중심에 하트 모티브를 접착한다.

재료 (가로 X 세로)

베이비 돌
- 트리코트 하프(에쿠스 무지, 또는 스판 망사 사용—움긴이) 65cm X 15cm
- 레이스 0.5cm 너비 X 60cm
- 리본(흰색) 0.2cm 너비 X 25cm
- 리본(핑크) 0.2cm 너비 X 30cm
- 깃털 장식 끈(좁은 너비) ··· 45cm

브래지어
- 스판 안감 30cm X 15cm
- 도트 무늬 시폰 30cm X 15cm
- 레이스 0.5cm 너비 X 45cm
- 리본 0.2cm 너비 X 25cm
- 얇은 매직테이프 1cm
- 하트 모티브용 다이마루 2cm X 2cm

프릴 쇼츠
- 스판 안감 40cm X 16cm
- 고무줄 레이스 0.5cm 너비 X 230cm
- 4골 고무줄 밴드 40cm
- 얇은 매직테이프 2.5cm
- 하트 모티브용 다이마루 2cm X 2cm

오버 니 삭스
- 스판 망사(망이 큰 것) 25cm X 35cm

HARUKA (OBITSU60)
design by momolita
BACK FRONT

DOLLFIE DREAM

자유롭게 캐릭터를 창조할 수 있는 60cm 크기의 시리즈. 기존의 캐릭터를 재현한 완성품이 메인 이지만 자작이나 커스텀용으로 기본 보디나 부품도 판매하고 있습니다. 초기의 기본 보디 I은 여성형뿐이었고 구체관절인형처럼 텐션 고무줄에 부품을 잇는 구조였습니다. 2004년 12월 등장한 기본 보디 II는 수지 재질의 움직이는 프레임 DDIF가 내장된 모델입니다. 신구 부품은 호환되지 않지만, 헤드와 착탈식 부품의 교환은 가능합니다.

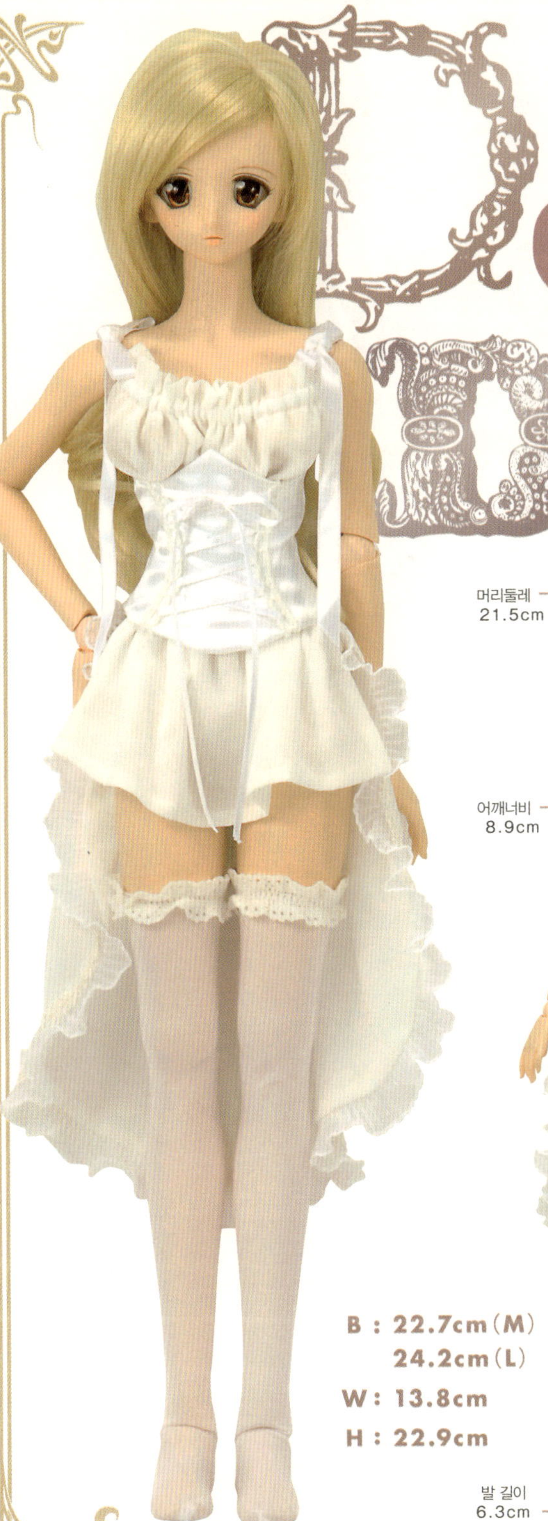

머리둘레 21.5cm
어깨너비 8.9cm
소매길이 17.3cm
키 58.0cm
밑아래 길이 31.2cm
발 길이 6.3cm

B : 22.7cm (M)
24.2cm (L)
W : 13.8cm
H : 22.9cm

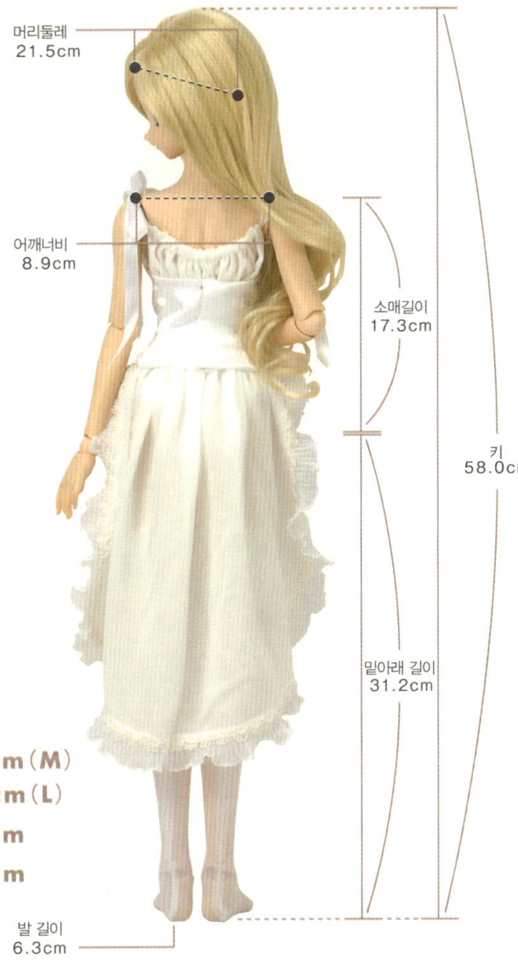

Doll data

[인형명] 돌피드림®
[회사명] 보크스
[발매시작] 2003년
[주요소재] PVC + ABS 골격
[모델] 유키노
[참고가격] 39,900엔

게임이나 애니메이션에 나오는 캐릭터 인형이 많기 때문에, SD 시리즈에 비해 남성 팬이 많습니다. 란제리는 초보자도 만들기 쉬운(게다가 섹시한) 디자인이니 꼭 도전해보세요. M가슴과 L가슴 모두 착용 가능합니다.

Dollfie Dream
design by Sawako ARAKI

BACK   FRONT

재료(가로×세로)

슈미즈
- 시폰 조젯(레이온-울간이) 80cm × 60cm
- 프릴용 레이스 3cm 너비 × 90cm
- 장식용 레이스 90cm

뷔스티에
- 실크 사탄 70cm × 10cm
- 레이스(리본 통과용) 17cm
- 리본 0.3cm 너비 × 90cm
- 스냅 단추 3쌍

쇼츠
- 실크 사탄 26cm × 15cm
- 레이스(리본 통과용) 0.7cm 너비 × 1m
- 레이스(허벅지 둘레용) 0.7cm 너비 × 40cm

니 삭스
- 싱글 다이마루 25cm × 32cm (40데니어 정도의 타이츠 원단도 좋다)
- 스판 레이스 2cm 너비 × 30cm

How to make 슈미즈
① 앞판을 반으로 접어, 리본이 통과할 입구와 창구멍을 남기고 재봉한다.
② 겉으로 뒤집어 창구멍을 막고, 리본이 통과할 부분을 상침재봉한다.
③ 뒤판에 레이스를 끼우고, 리본이 통과할 부분을 남기고 재봉한다.
④ 겉으로 뒤집어 창구멍을 막고, 장식용 레이스를 둘러준다.
⑤ 리본이 통과할 부분을 재봉한다.
⑥ 리본을 통과시킨 후, 어깨에서 묶어준다.

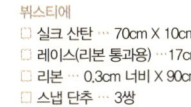

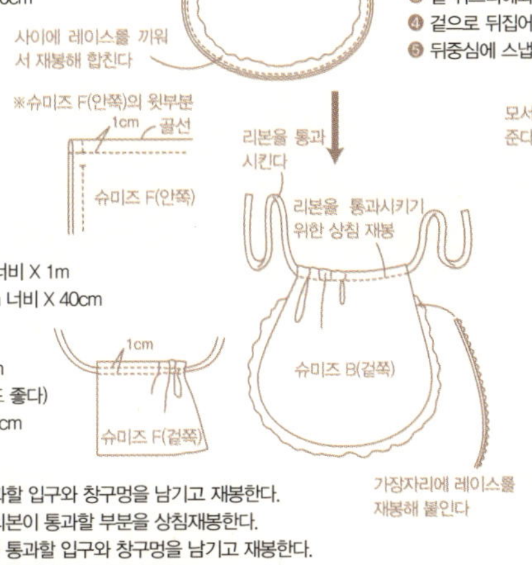

사이에 레이스를 끼워서 재봉해 합친다
※슈미즈 F(안쪽)의 윗부분
리본을 통과시킨다
리본을 통과시키기 위한 상침 재봉
슈미즈 B(겉쪽)
가장자리에 레이스를 재봉해 붙인다
슈미즈 F(겉쪽)

How to make 뷔스티에
① 각 부분을 겉끼리 마주대고 합쳐서 재봉한다. 곡선이 심한 곳엔 가위집을 준다.
② 겉 뷔스티에의 앞면 절개 부분에 리본을 통과시킬 레이스를 재봉한다.
③ 겉 뷔스티에와 안 뷔스티에를 겉끼리 마주대어, 창구멍을 남기고 재봉한다.
④ 겉으로 뒤집어 다림질로 모양을 정돈하고, 창구멍을 막는다.
⑤ 뒤중심에 스냅을 달아준다. 앞면 절개 부분에 리본을 통과시켜 묶어준다.

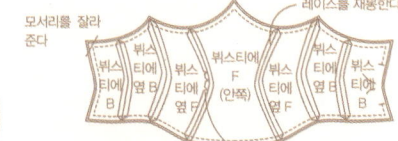

모서리를 잘라준다
레이스를 재봉한다
뷔스티에 B / 뷔스티에 옆 B / 뷔스티에 F / 뷔스티에 F(안쪽) / 뷔스티에 옆 F / 뷔스티에 B
곡선이 심한 곳엔 섬세하게 가위집을 넣는다

How to make 쇼츠
① 겉감과 안감을 겉끼리 마주대고, 창구멍을 남기고 재봉한다.
② 겉으로 뒤집어 다림질로 모양을 정돈한 후, 허벅지 둘레에 레이스를 재봉한다.
③ 앞뒤 쇼츠를 묶어주기 위해, 레이스(또는 리본)를 재봉한다.

How to make 니 삭스
① 삭스의 입구 부분을 레이스 너비(15cm)에 맞춰 늘려가며 레이스를 재봉한다.
② 겉끼리 마주대어 단을 재봉한 후, 겉으로 뒤집는다.

표준형 SD가 13세로 성장한 모습으로 발매된 시리즈, 소녀·소년·정령의 3타입이 있습니다. 다른 SD와 유사하게 설정 연령보다 다소 성숙해 보이는 체형으로 가동형 보디를 갖고 있습니다. 표준형 SD와 키는 비슷하지만 헤드가 작아서 전체적으로 키가 커 보입니다. 최근엔 표준형 SD에도 어려 보이는 얼굴 타입이 등장해서, 얼핏 보아서는 구별이 어렵습니다.

Doll data

[인형명] 슈퍼 돌피© 새틴
[회사명] 보크스
[발매시작] 2001년
[주요소재] 레진캐스트

[모델] 엘레나
[참고가격] 71,400엔
[제조] Ciera

허리를 제외하고는, 치수상으로 SD와 차이가 거의 없어 의상의 호환성이 높습니다. 특히 허리 라인을 잡지 않은 이 란제리 디자인은 SD에도 딱 맞습니다. 반대의 경우도 마찬가지이니 꼭 만들어보세요.

머리둘레 22.2cm
어깨너비 8.9cm
소매길이 18.9cm
키 57.5cm
밑아래 길이 27.3cm
발 길이 6.4cm

B : 23.8cm
W : 18.0cm
H : 25.0cm

How to make 콤비네이션

1. 뒤판의 등중심을 재봉하고 턱 주름을 잡는다. 레이스를 끼워 어깨 요크와 재봉해서 합친다.
2. 앞 몸판에 핀턱 주름을 잡아준다. 앞 패널 원단에 핀턱 주름을 잡고 재단해서, 레이스를 끼워 앞 몸판과 재봉해 합친다.
3. 중앙 레이스를 끼워, 2와 어깨 요크를 재봉해 합친다. 각각의 레이스에 리본을 통과시킨다.
4. 진동둘레 프릴의 단을 처리하고, 프릴과 같은 길이의 레이스(2개) 각각에 리본을 통과시킨다. 소매 프릴, 레이스의 순서대로 몸판 진동둘레에 재봉해 붙인다.
5. 진동둘레와 안단을 재봉해 합친다. 겉으로 뒤집어 어깨 요크의 진동둘레 부분만 눌러가며 상침 재봉한다. 목둘레에 레이스를 단다.
6. 몸판의 옆선을 재봉한다. 아랫단의 핀턱 주름을 재봉하고, 레이스를 달아 리본을 통과시킨다.
7. 앞중심을 트임 끝까지 재봉한다. 좌우 트임에 앞 덧단을 재봉해 붙인다. 오른쪽 앞 덧단 위에 레이스를 재봉해 붙인다.
8. 밑아래를 재봉한다.
9. 앞 덧단에 단추와 레이스를 단다. 진동둘레 프릴의 뒤쪽과 아랫단 옆선 쪽에 리본을 달아준다. 트임 부분에 스냅 단추를 단다.

How to make 보네

1. 브림(챙)에 레이스를 재봉해 리본을 통과시키고, 사이드크라운(옆면)과 재봉해 합친다.
2. 사이드크라운에 레이스를 재봉해 붙이고, 트임을 재봉해 둥근 모양으로 만든다.
3. 2와 탑크라운을 재봉해 합친다.
4. 사이드크라운의 레이스에 리본을 통과시키고, 브림의 재봉 끝 위치에 리본을 단다.

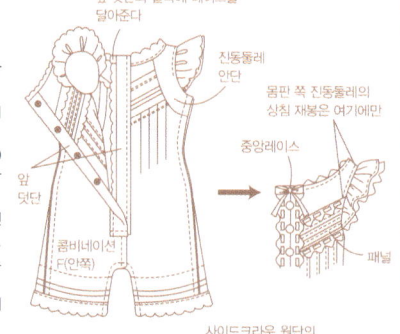

앞 덧단의 겉쪽에 레이스를 달아준다
진동둘레 안단
몸판 쪽 진동둘레의 상침 재봉은 여기에만
중앙레이스
앞 덧단
콤비네이션 F(안쪽)
패널

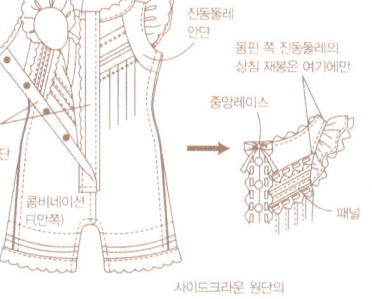

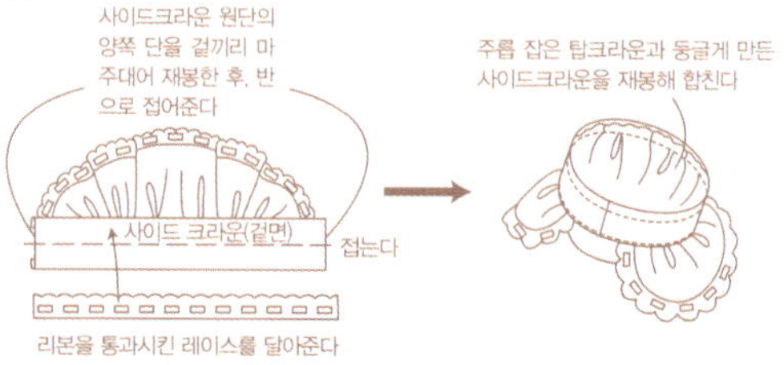

사이드크라운 원단의 양쪽 단을 겉끼리 마주대어 재봉한 후, 반으로 접어준다
접는다
주름 잡은 탑크라운과 둥글게 만든 사이드크라운을 재봉해 합친다
리본을 통과시킨 레이스를 달아준다

재료(가로×세로)

콤비네이션
- 면 론(아사 면 60수-옮긴이) … 70cm × 60cm
- 오건디(진동둘레 안단 부분) … 23cm × 12cm
- 레이스 … 2.5cm 너비 × 260cm
- 리본 … 0.7cm 너비 × 330cm
- 단추 … 0.8cm 너비 × 7개
- 스냅 단추 … 4쌍

보네
- 면 론 … 60cm × 60cm
- 레이스 … 2.5cm 너비 × 80cm
- 리본 … 0.7cm 너비 × 130cm

Super Dollfie 13
design by Kate MITSUBACHI

BACK　　FRONT

슈퍼 돌피는 보크스사의 등록상표이며, 모든 권리를 보유하고 있습니다. "Super Dollfie®" is the registered trademark of VOLKS INC. All rights reserved. 창작조형 © 보크스 · 조형촌 ©1998-2008 VOLKS INC. All rights reserved.

SUPER DOLLFIE

슈퍼 돌피®는 보크스에서 발매 중인 오리지널 구체관절인형 시리즈의 총칭으로, 약칭은 SD! 1999년에 나온 최초의 시리즈인 키 58cm의 SD 시리즈도 SD 라고 불립니다. 각 부품이 텐션 고무줄로 연결되는 구조입니다. 커스터마이즈를 전제로 하고 있으며 안구와 가발, 보디 부품이 다수 판매되어 취향에 맞게 선택할 수 있는 것으로 유명합니다. 여자, 남자, 교토천사의 3타입이 있습니다. 2003년 5월에는 새로운 보디로 변경되고, 신소재 퓨어 스킨도 등장했습니다. 2006년 11월 이후에 발매된 것은 모두 자외선 차단 사양입니다. 일체형 보디와 분할형의 가동형 보디가 있습니다.

머리둘레 24.3cm
어깨너비 8.9cm
소매길이 17.0cm
키 57.0cm
밑아래 길이 26.0cm
발 길이 6.3cm

B : 23.7cm
W : 18.9cm
H : 25.4cm

Doll data

[인형명] 슈퍼 돌피®
[회사명] 보크스
[발매시작] 1999년
[주요소재] 레진캐스트

[모델] 쿤
[참고가격] 57,540엔
[제조] aone

이것이야말로 SD의 표준형 보디. 관절이나 형태, 크기와 중량감 등이 매우 안정적이어서, 부동의 인기를 얻고 있습니다. 게타일본 나막신—움긴이) 발과 별도의 손목 등 다양한 선택사양이 있습니다.

SuperDollfie
design by Kaori SAITO

BACK   FRONT

재료(가로X세로)

캐미솔
- 면 론(아사 면 60수—움긴이) … 75cm X 23cm
- 레이스 … 1cm 너비 X 105cm
- 레이스 … 0.5cm 너비 X 220cm
- 비즈 … 직경 0.4cm X 7개

드로어즈
- 면 론 … 60cm X 28cm
- 구멍 레이스 … 1.5cm 너비 X 60cm
- 레이스 … 2cm 너비 X 60cm
- 레이스 … 0.5cm 너비 X 60cm
- 리본 … 0.35cm 너비 X 60cm
- 아랫단 옆 리본에 붙일 레이스 … 0.5cm 너비 X 26cm
- 스냅 단추 X 2쌍

How to make 캐미솔

1. 앞판의 트임을 바깥쪽으로 꺾어 2번 접고(3등분 접기) 레이스를 끼워 재봉한다. 핀턱 주름을 재봉한다.
2. 뒤판 아래쪽(치마 부분)의 상단에 주름을 잡아서 뒤판 위쪽과 재봉해 합치고, 오버로크 재봉한다.
3. 2와 앞판을 겉끼리 마주대고 재봉해 합치고, 오버로크 재봉한다.
4. 아랫단용 프릴의 좌우 단을 2번 접어(3등분 접기) 재봉하고 오버로크 재봉한다. 1.2cm 레이스와 5mm 레이스를 달고 윗부분에 주름을 잡는다.
5. 3과 4를 겉끼리 마주대고 재봉한 후, 오버로크 재봉한다.
6. 앞판과 뒤판의 이음새에 레이스를 올려 재봉한다.
7. 캐미솔 상단의 가장자리에 레이스를 겉끼리 마주대어 재봉하고 다림질로 꺾어준다. 안쪽에서 시접을 레이스 속에 접어 넣듯이 해서 말아 박는다.
8. 어깨끈용 레이스를 단다. 레이스로 장식용 리본을 만들어 달아준다. 9. 실 고리와 비즈를 단다.

How to make 드로어즈

1. 드로어즈의 아랫단을 오버로크 재봉한다. 아랫단에서 1cm 위치에 5mm 너비의 레이스를 단다. 2cm 너비 30cm 길이의 레이스 2장을 잇대어 4cm가 되도록 재봉한다.
2. 앞판의 밑위를 재봉하고 가위집을 넣은 후, 오버로크 재봉한다.
3. 허리둘레에 주름을 잡는다.
4. 허리띠를 겉끼리 세로로 길게 반으로 접어 다림질한다. 벨트를 펼친 상태로 허리둘레에 겉끼리 마주대어 재봉한다. 재봉하지 않은 쪽은 5mm 안쪽으로 접어준다.
5. 벨트를 겉끼리 마주대고 세로로 길게 반 접는다. 뒤에서 볼 때 왼쪽 트임에 덧단을 만들어 끼워 재봉하고, 오른쪽은 그대로 트임을 재봉한다.
6. 트임 부분에 가위집을 넣고 오버로크 재봉한다. 7. 밑아래를 재봉한 후, 오버로크 재봉한다.
8. 스냅 단추를 단다. 아랫단에 달아놓은 레이스를 통과시키고, 다리 둘레에 맞추어 묶어준다. 그 위에 레이스로 리본을 만들어 단다.

8mm 너비의 어깨끈은 5mm 너비의 레이스 X 10.5cm(시접 포함)를 달아준다
실 고리
2.5cm
2.5cm
5mm 너비의 레이스로 리본을 만들어 단다(뒤중심도 동일)
이음새에 5mm의 레이스를 올려서 재봉
캐미솔 (안쪽)
캐미솔 (겉쪽)

2cm 너비의 레이스 (15cm)로 리본을 만들어 단다
4cm
5
3cm
5cm
드로어즈 B(겉면)

다리 둘레에 맞추어 리본을 줄여서 실로 고정한 후, 레이스에 리본을 통과시킨다.

슈퍼 돌피는 보크스사의 등록상표이며, 모든 권리를 소유하고 있습니다. "Super Dollfie® is the registered trademark of VOLKS INC. All rights reserved. 창작조형 ©보크스·조형촌 ©1998-2008 VOLKS INC. All rights reserved.

한국어로는 '귀여운 아이', 일본어로는 '사랑', 영어로는 '나'를 비롯해 다양한 의미를 가진 한국 업체의 오리지널 구체관절인형. 60cm급을 기본으로 다양한 사이즈가 있습니다. 판매 방법에 따라 통상판의 Basic Ai, 한정판 Limited Ai, 오직한 점뿐인 Unique Ai 등으로 나뉩니다. 2007년에는 어린 시절 갖고 놀던 인형을 연상시키는 Vintage Ai, 비스크 돌의 분위기를 풍기는 Classic Ai와 같이 이미지와 규격이 다른 시리즈도 등장했습니다.

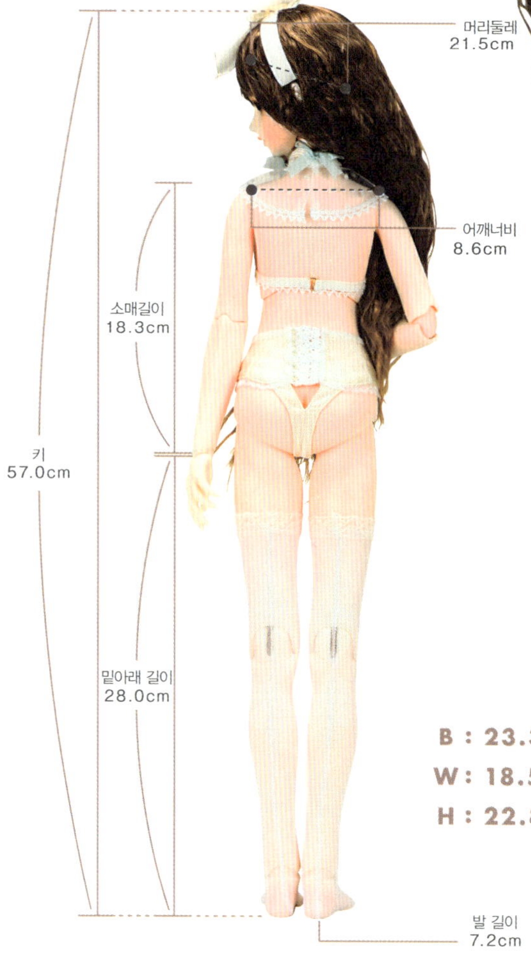

Doll data

[인형명] 디 아이

[회사명] 커스텀하우스(현 아이돌스)

[발매시작] 2003년

[주요소재] 레진캐스트

[모델] 루비

[참고가격] 85,000엔

커스텀하우스의 인형은 SD 등의 일본 구체관절인형보다 약간 길어 늘씬하고, 광택이 없는 질감이 특징입니다. 마른 체형으로 의상의 폭이 넓지만 왠지 발만은 커서 신발의 호환성이 적은 것이 아쉽습니다.

머리둘레 21.5cm
어깨너비 8.6cm
소매길이 18.3cm
키 57.0cm
밑아래 길이 28.0cm
발 길이 7.2cm

B : 23.3cm
W : 18.5cm
H : 22.8cm

How to make 브래지어

1. 몸판에 레이스를 덧대는 등의 장식을 해준다.
2. 몸판에 레이스를 끼워 겉끼리 맞대어 재봉하고, 상침 재봉한다.
3. 몸판 가장자리에 레이스를 달고, 상침 재봉한다.
4. 몸판에 띠를 재봉해 붙이고, 상침 재봉한다.
5. 띠의 하단에 레이스를 달고, 뒤쪽 끝을 완성선대로 접어 공그르기한다.
6. 띠와 같은 천으로 0.5cm 너비의 어깨끈을 만들어 양 끝을 접어주고, 끝에서 0.5cm 위치에 상침 재봉한다.
7. 몸판과 어깨끈 사이에 삼각형 고리를 끼우고 완성선대로 접어 공그르기한다.
8. 뒤중심에는 철사로 만든 고리를 붙인다.
9. 비즈 등으로 장식한다.

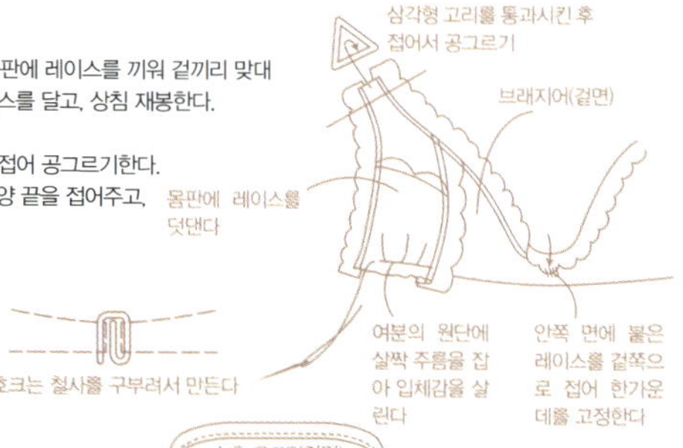

How to make 쇼츠

1. 요크에 레이스를 덧대는 등의 장식을 해준다.
2. 요크의 패널 라인을 각각 겉끼리 마주대어 재봉한다.
3. 안감 요크의 옆선을 재봉한다.
4. 쇼츠를 겉끼리 마주대어 재봉하고, 겉으로 뒤집어 상침 재봉한다.
5. 겉과 안 요크 사이에 쇼츠와 레이스를 끼우고, 허리둘레 이외의 부분을 겉끼리 마주대어 재봉한 후 겉으로 뒤집는다.
6. 허리둘레에 바이어스테이프를 재봉하고 상침 재봉한다.
7. 2.5cm 너비와 1.5cm 너비의 레이스를 겹쳐서 재봉하고, 양쪽 끝단을 겉끼리 마주대어 재봉한다(길이 8cm의 원형 테두리를 만든다).
8. 원형 테두리를 4cm가 되게 반으로 접고, 양쪽 끝에서 1cm 위치에 상침 재봉한다.
9. 8을 뒤 요크의 오른쪽에 공그르기로 재봉한다.
10. 뒤중심에 진주 비즈를 붙인다.

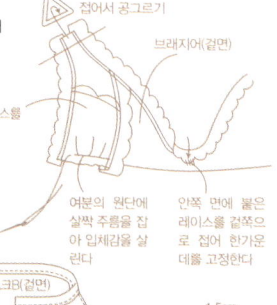

삼각형 고리를 통과시킨 후 접어서 공그르기
브래지어(겉면)
몸판에 레이스를 덧댄다
호크는 철사를 구부려서 만든다
여분의 원단에 살짝 주름을 잡아야 입체감을 살린다
안쪽 면에 붙인 레이스를 겉쪽으로 접어 한가운데를 고정한다

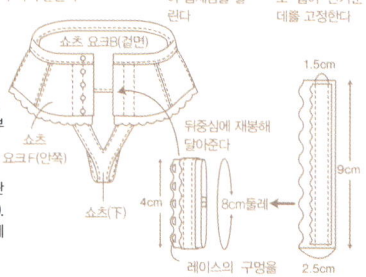

쇼츠 요크(겉면)
쇼츠 요크(안쪽)
쇼츠(下)
뒤중심에 재봉하여 달아준다
1.5cm
9cm
4cm 8cm둘레
2.5cm
레이스의 구멍을 단춧구멍으로

재료 (가로X세로)

브래지어
- 실크 … 16cm X 8cm
- 파워 네트(강력 스판 그물 망사-옮긴이) … 10cm X 7cm
- 실크 신탄지 … 4cm X 45cm
- 리버 레이스 … 0.8cm 너비 X 35cm
  … 3cm 너비 X 12cm
- 토션 레이스 … 0.8cm X 25cm
- 자수 리본 … 0.4cm 너비 X 30cm
- 진주 비즈 … 적당히
- 시드 비즈 … 적당히
- 삼각형 고리 … 2개
- 철사 … 적당히

쇼츠
- 실크 … 35cm 너비 X 16cm
- 안감 … 35cm 너비 X 16cm
- 바이어스테이프 … 0.5cm X 26cm
- 리버 레이스 … 0.8cm 너비 X 50cm
  … 3cm 너비 X 10cm
- 토션 레이스 … 2.5cm 너비 X 12cm
  … 1.5cm 너비 X 12cm
- 자수 리본 … 0.4cm 너비 X 7cm
- 진주 비즈 … 직경 0.3cm X 5개
- 비즈, 진주 비즈 … 적당히

The AI
design by Honey Meryl

BACK FRONT

Emily

어린 시절 동경하던 인형을 본떠서 만든 52cm 크기의 오리지널 인형. 인형 안구에 사용한 눈동자는 슬립 아이(감았다 떴다 하는) 기능이 있고, 5개로 벌어진 손가락에는 반지를 낄 수 있습니다. 분홍색 피부의 리틀 레이디, 리센느(lycéenne, 여고생을 의미하는 프랑스어), 흰 피부의 클래식의 3가지 타입이 있으며, 2003년에는 클래식 디자인의 27cm 버전도 발매되었습니다. 2005년에는 가동형 보디를 채용한 56cm의 플레지르(Plaisir, 기쁨을 의미하는 프랑스어), 2006년에는 슬립 아이의 플레지르가 등장했습니다.

머리둘레 25.0cm
어깨너비 7.8cm
소매길이 14.5cm
키 52.0cm
밑아래 길이 25cm
발 길이 5.5cm(H)

B : 21.3cm
W : 12.1cm
H : 21.8cm

Doll data

[인형명] 에밀리
[회사명] 스타
[발매시작] 2003년
[주요소재] PVC
[모델] 리틀 레이디
[참고가격] 50,400엔~

이번 특집을 위해, 스타사의 오니시 씨가 손수 튜브 톱 원피스와 가운, 슬리퍼를 디자인했습니다. 원피스 안에는 [스트랩 브래지어 & 쇼츠(9,240엔)]를 착용했습니다.

emily
design by Mina ONISHI

BACK FRONT

재료(가로×세로)

언더 드레스
- 면 론 … 80cm × 35cm
- 스판 레이스 … 1.2cm 너비 × 24cm
- 레이스 … 3.5cm 너비 × 80cm

로브
- 면 론 … 90cm × 40cm
- 사다리 모양 레이스 … 1.2cm 너비 × 24cm
- 리본 … 0.3cm 너비 × 70cm
- 레이스 … 1cm 너비 × 150cm

슬리퍼
- 면 론 … 16cm × 14cm
- 펠트지 … 16cm × 14cm
- 레이스 … 16cm × 14cm
- 두꺼운 종이 … 8cm × 8cm

How to make 로브

1. 앞판과 뒤판을 재봉해 합치고, 오버로크 재봉한다.
2. 소맷부리에 레이스를 달아놓은 소매를 몸판에 재봉해 붙이고, 오버로크 재봉한다.
3. 치마에 주름을 잡아 몸판에 이어붙이고, 오버로크 재봉해서 시접은 위로 넘긴다.
4. 사다리 모양 레이스에 리본을 통과시켜 몸판과 치마의 이음매에 재봉한다.
5. 앞단, 뒤판, 치마에 망사 레이스를 빙 둘러 재봉하고, 오버로크 재봉한다.
6. 시접을 안쪽으로 접고, 완성선 1mm 안쪽에 눌러 상침 재봉한다.

How to make 언더 드레스

1. 앞판, 앞판 옆, 뒤판을 재봉해 합친다. 오버로크 재봉한 시접을 한쪽으로 넘긴다.
2. 치마에 레이스를 재봉해 붙인다. 아랫단을 오버로크 재봉하고, 접어서 상침 재봉한다.
3. 치마의 허리 부분에 주름을 잡아 몸판과 이어준다. 오버로크 재봉하고, 시접을 몸판 쪽으로 넘겨 완성선 1mm 안쪽에 상침 재봉한다.
4. 뒤중심을 오버로크 재봉한다.
5. 몸판 상단에 스판 레이스를, 몸판에 핏 되도록 조금씩 당겨가며 재봉해 붙인다.
6. 뒤중심을 트임 위치까지 재봉한다. 시접을 가르고 상침 재봉한다.
7. 뒤트임에 스냅 단추를 달아준다.

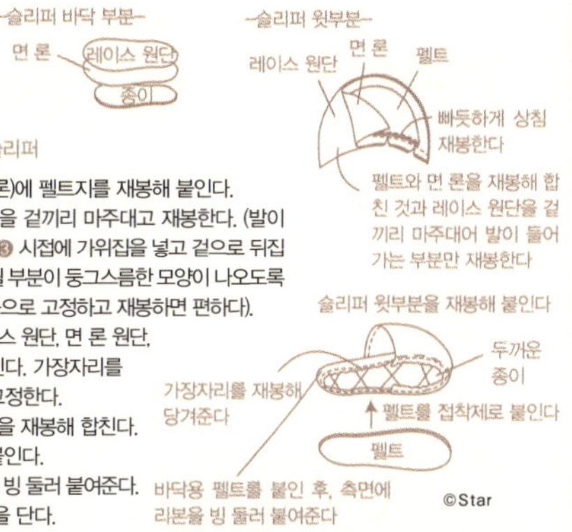

How to make 슬리퍼

1. 슬리퍼 윗부분(면 론)에 펠트지를 재봉해 붙인다.
2. 1과 레이스의 패턴을 겉끼리 마주대고 재봉한다. (발이 들어가는 부분만) ③ 시접에 가위집을 넣고 겉으로 뒤집는다. 바닥에 접합될 부분이 둥그런 모양이 나오도록 재봉한다(시침핀 등으로 고정하고 재봉하면 편하다).
4. 슬리퍼 밑창용 레이스 원단, 면 론 원단, 두꺼운 종이를 겹친다. 가장자리를 홈질하고 당겨서 고정한다.
5. 4에 슬리퍼 윗부분을 재봉해 합친다.
6. 바닥에 펠트지를 붙인다.
7. 바닥 옆면에 리본을 빙 둘러 재봉해 붙인다.
8. 그 위에 리본 장식을 단다.

몸판 상단은 시접 없이 재단
보디에 핏 되도록 레이스를 약간 당겨가며 재봉한다
스커트 B(겉면)

슬리퍼 바닥 부분 — 면 론 / 레이스 원단 / 종이
슬리퍼 윗부분 — 레이스 원단 / 면 론 / 펠트

빠듯하도록 상침 재봉한다
펠트와 면 론을 겹친 것과 레이스 원단을 겉끼리 마주대어 발이 들어가는 부분만 재봉한다
슬리퍼 윗부분을 재봉해 붙인다
가장자리를 재봉하여 당겨준다
바닥용 펠트를 붙인 후, 측면에 리본을 빙 둘러 붙인다
두꺼운 종이
펠트를 접착제로 붙인다
펠트

©Star

MINI DOLLFIE DREAM

지금까지 없었던 어려 보이는 소녀의 모습을 한 돌피 드림 시리즈의 40cm 인형. 완성품 판매가 일반적이지만. 최근엔 자작이나 커스텀용으로 만들어진 인체 모형이나 부속품도 등장했습니다. 수지 재질의 움직이는 프레임 DDIF가 내장된 보디는. 형태부터 제작하고 그것에 맞춰 움직임의 범위를 확보하는 유례없는 방법으로 개발되었습니다. 돌피 드림의 헤드와 호환되면서도 밸런스가 좋은 몸매가 특징입니다.

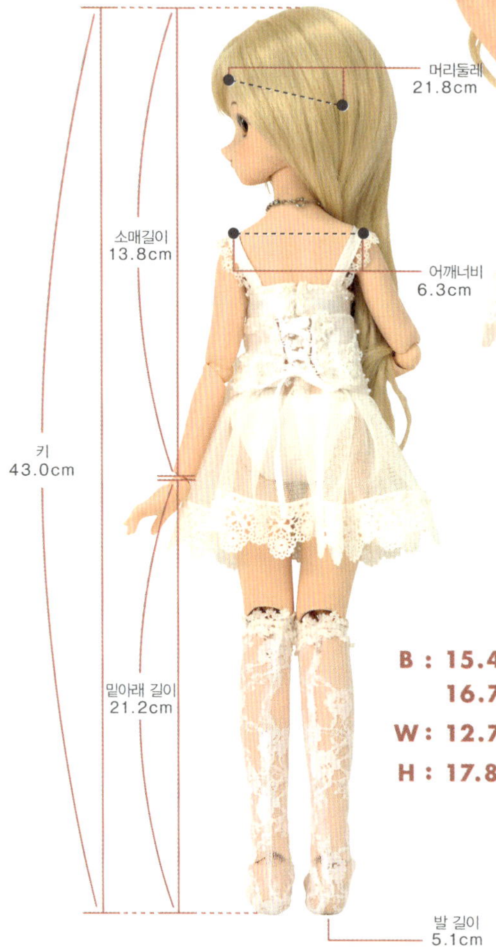

Doll data

[인형명] 미니 돌피 드림®

[회사명] 보크스

[발매시작] 2007년

[주요소재] PVC + ABS 골격

[모델] 캔디

[참고가격] 41,790엔

특수효과를 가득 담은 내부 구조를 PVC가 감싸고 있어 관절 등의 형태가 아름답습니다. 구체관절이 거북한 분들께 추천합니다. 또한 이번 란제리는 M 가슴에 꼭 맞지만 S 가슴도 착용 가능합니다.

머리둘레 21.8cm
소매길이 13.8cm
어깨너비 6.3cm
키 43.0cm
밑아래 길이 21.2cm
발 길이 5.1cm

B : 15.4cm(S)
16.7cm(M)
W : 12.7cm
H : 17.8cm

45-64cm dolls
35-44cm dolls
25-34cm dolls
15-24cm dolls
05-14cm dolls

How to make 슬립

1. 몸판의 가슴 부분 다트를 재봉하고(겉감 안감 모두). 겉쪽에 주름을 잡은 부드러운 망사를 시침질한다.
2. 가슴 부분과 뒤판을 재봉해 붙인다(겉감 안감 모두).
3. 겉감 원단으로 어깨끈용 바이어스테이프(7.5cm 2개)를 만들어, 한쪽에만 레이스를 단다.
4. 겉과 안 몸판의 상단에 어깨끈과 레이스를 끼워서 재봉해 합친다.
5. 치마용 부드러운 망사에 레이스를 달고 주름을 잡는다.
6. 5를 몸판 겉쪽에 재봉해 붙인다. 안쪽 몸판은 허리선에 맞추어 접고 공그르기한다. 7. 뒤에는 걸고리를, 망사 위에는 비즈를 단다.

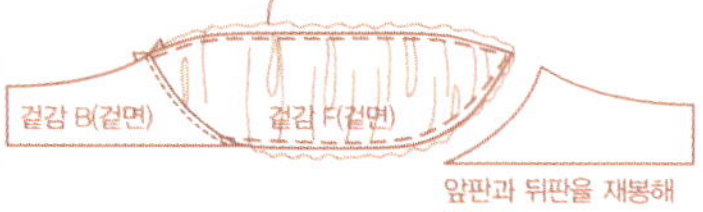

How to make 쇼츠

1. 쇼츠의 겉감과 안감을 겹친 후, 창구멍을 3cm 정도 남기고 재봉한다.
2. 겉으로 뒤집어 상침 재봉한다.
3. 옆 부분에 고무줄 레이스를 재봉해 달아준다.
4. 쇼츠 앞에 리본과 진주 비즈를 달아준다.

How to make 코르셋

1. 겉감과 안감의 각 부분을 재봉해 합친다.
2. 겉과 안감을 겉끼리 마주대어 위와 옆의 단을 재봉한다.
3. 겉으로 뒤집어 아래의 허리선에 바이어스테이프를 재봉한다.
4. 뒤의 끝단에 레이스를 재봉해 붙이고, 리본을 엮어준다.
5. 리본을 만들어 비즈 등으로 장식해 겉감에 붙여준다.

How to make 스타킹

1. 스판 레이스 원단의 상단에 고무줄 레이스를 달아준다.
2. 겉끼리 마주대어 재봉하고, 겉으로 뒤집는다.

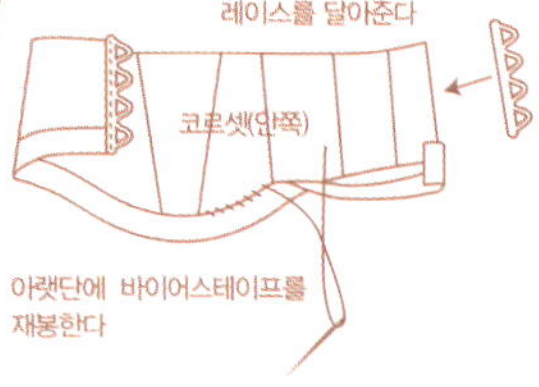

-몸판 앞부분 제작 방법-

앞판에 주름을 잡은 부드러운 망사를 덧대어 시침질한다

겉감 B(겉면)
겉감 F(겉면)

앞판과 뒤판을 재봉해 합친다

옆에 고무줄 레이스를 재봉해 달아준다

쇼츠 B(안쪽)
쇼츠 F(겉쪽)

리본을 만들어 단다

코르셋(안쪽)

뒤중심에 리본을 통과시킬 레이스를 달아준다

아랫단에 바이어스테이프를 재봉한다

재료 (가로×세로)

슬립
- 실크 … 30cm × 20cm
- 안감 원단 … 15cm × 10cm
- 바이어스테이프 … 1.5cm 너비 × 40cm
- 부드러운 망사 … 80cm × 15cm
- 레이스 … 1cm 너비 × 35cm
- 레이스 … 2.5cm 너비 × 80cm
- 걸고리 … 2쌍 비즈 … 적당히

쇼츠
- 실크 … 10cm × 15cm
- 안감 원단 … 10cm × 15cm
- 고무줄 레이스 … 1cm 너비 × 10cm
- 리본 … 1cm 너비 × 10cm
- 고무줄 레이스 … 적당히
- 진주 구슬 … 2개

코르셋
- 실크 … 40cm × 7cm
- 바이어스테이프 … 1.5cm 너비 × 48cm
- 레이스 … 1cm 너비 × 7cm
- 리본 … 0.3cm 너비 × 70cm
- 비즈, 부드러운 망사 … 적당히

스타킹
- 스판 레이스 원단 … 20cm × 18cm
- 고무줄 레이스 … 2cm 너비 × 20cm

Mini Dollfie Dream
design by Lemonadedoll

BACK FRONT

돌피 드림은 보크스사의 등록상표이며, 모든 권리를 보유하고 있습니다. *Dollfie Dream®* is the registered trademark of VOLKS INC. All rights reserved. 창작조형 © 보크스 · 조형촌 ©2003-2008 VOLKS INC. All rights reserved.

SUPER DOLLFIE CUTE

미니 슈퍼 돌피(MSD)와 거의 같은 크기이지만, 더 어른스러운 체형의 한정 모델 시리즈입니다. 보디는 여자, 남자, 그리고 변형 버전이 있습니다. MSD보다 날씬하지만 공용으로 입힐 수 있는 제품도 판매되고 있습니다. 몸체는 통상 2분할이 아닌 3분할의 가동형 보디입니다. 앉는 자세가 자연스럽고, 남자아이는 책상다리가 가능할 정도로 가동성이 뛰어난 것이 특징입니다. 헤드는 자그마해서 USD 사이즈의 가발이 맞습니다.

머리둘레 18.8cm
어깨너비 5.9cm
소매길이 12.8cm
키 43.0cm
밑아래 길이 21.2cm
발 길이 5.4cm

B : 17.6cm
W : 13.4cm
H : 18.1cm

Doll data

[인형명] 슈퍼 돌피® 큐트
[회사명] 보크스
[발매시작] 2004년
[주요소재] 레진캐스트

[모델] 렌
[참고가격] 56,700엔
[제작] Ciera

여러 가지 포즈를 취하기 위해 움직임의 범위가 무엇보다 중요하다는 분들께 추천하는 것이 SDC입니다만, 복부가 노출된 옷은 맵시가 나지 않아 조금 아쉽다는 생각입니다. 이번 의상은 일본 전통 란제리에서 이미지를 따왔습니다.

Super Dollfie Cute
design by SALTVALLEY

BACK　FRONT

재료(가로×세로)

상의
□ 이중 거즈(더블 거즈) — 70cm × 20cm
□ 리본 0.6cm 너비 — 8cm × 4개
□ 면 새틴(옷깃용) — 30cm × 30cm

하의
□ 이중 거즈(더블 거즈) — 40cm × 25cm
□ 리본 — 0.6cm 너비 × 35cm

How to make 하의
① 앞판의 중심을 재봉해 합치고, 단춧구멍을 만든다.
② 앞판과 뒤판을 합쳐서 재봉한다.
③ 아랫단에 옆트임 처리를 해둔다.
④ 뒤중심을 재봉해서 합쳐준다.
⑤ 밑아래를 재봉한다.
⑥ 허리둘레 부분의 완성선을 재봉한다.
⑦ 단춧구멍에 리본을 통과시킨다.

How to make 상의
① 앞판, 뒤판의 어깨를 재봉해 합친다.
② 소맷부리의 완성선을 재봉한다.
③ 소매를 몸판에 달아준다.
④ 지정된 위치에 리본을 끼우고, 앞뒤 판의 소매부터 옆선 끝까지 재봉한다.
⑤ 앞섶과 아랫단을 완성선대로 재봉한다.
⑥ 바이어스로 만들어놓은 깃을 재봉해 붙인다.

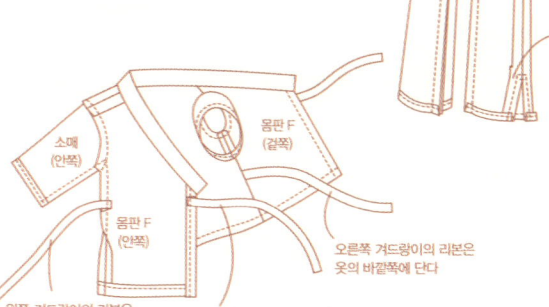

단춧구멍에 리본을 통과시킨다
하의 B (안쪽)
트임 부분의 시접은 안쪽으로 접는다
소매 (안쪽)
몸판 F (겉쪽)
몸판 F (안쪽)
왼쪽 겨드랑이의 리본은 옷의 안쪽에 단다
오른쪽 겨드랑이의 리본은 옷의 바깥쪽에 단다
앞섶 양쪽 모두에 리본을 달아준다

슈퍼 돌피는 보크스사의 등록상표이며, 모든 권리를 소유하고 있습니다. "Super Dollfie®" is the registered trademark of VOLKS INC. All rights reserved. 창작조형 © 보크스·조형촌 ©1998-2008 VOLKS INC. All rights reserved.

MINI SUPER SD

1/5 스케일로, 이 시리즈 중에서는 미니 사이즈로 간편하게 슈퍼 돌피의 매력을 즐길 수 있습니다. 완성품 외에 적당한 가격의 조립용 키트도 발매되어 선택형 맞춤 주문도 가능합니다. 보디는 여자, 남자, 아이 천사의 3가지 타입. 표준적인 SD보다 앳된 느낌의 가동형 보디입니다. 다른 시리즈에 앞서서, 허벅지 안쪽을 바닥에 붙이고 앉을 수 있는(W자 앉기~움 긴이) 날렵한 보디가 도입되었습니다.

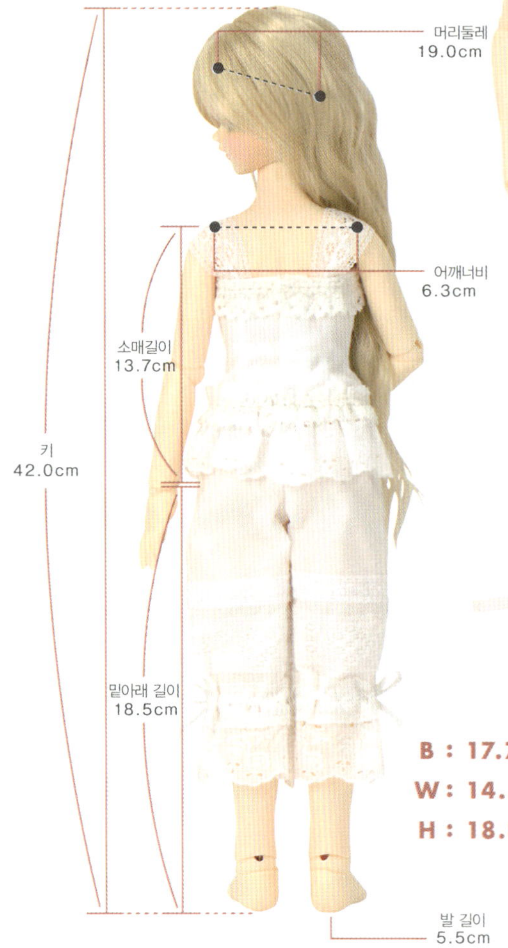

Doll data

[인형명] 미니 슈퍼 돌피®
[회사명] 보크스
[발매시작] 2001년
[주요소재] 레진캐스트

[모델] 미카
[참고가격] 31,290엔(키트판)

[제작] Valico

슈퍼 돌피가 60cm급밖에 없었을 무렵, 휴대가 간편한 이 정도 크기의 인형이 발매된 것은 가히 혁명적이었습니다. 표준형 인형은 지금도 조립 키트로 판매되므로 SD에 비해 가격이 적당한 것도 매력입니다.

머리둘레 19.0cm
어깨너비 6.3cm
소매길이 13.7cm
키 42.0cm
밑아래 길이 18.5cm
발 길이 5.5cm

B : 17.7cm
W : 14.5cm
H : 18.8cm

How to make 뷔스티에

① 겉 뷔스티에의 앞판 옆 부분에 레이스를 덧대어 시침질한 후, 남는 부분을 잘라낸다.
② 겉 뷔스티에, 안 뷔스티에의 부분들을 각각 재봉해 합친다.
③ 겉 뷔스티에 앞면에 리본을 통과시킬 레이스를 재봉한다.
④ 겉 뷔스티에와 안 뷔스티에를 겉끼리 마주대어 창구멍을 남기고 재봉한다. 겉으로 뒤집어서 창구멍을 막아준다.
⑤ 레이스D의 상단을 접고, 위에서 1cm 위치에 주름을 잡아 아랫단에 재봉해 붙인다.
⑥ 뷔스티에 위아래에 주름 토션 레이스와 폭이 좁은 모티브 레이스를 재봉해 붙인다.
⑦ 어깨끈용 레이스를 재봉해 붙인다. ⑧ 뒤중심에 스냅 단추를 단다.
⑨ 앞판 레이스에 리본을 통과시킨다.

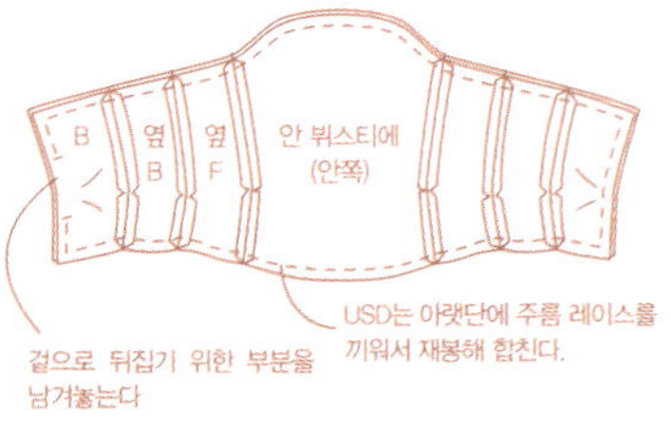

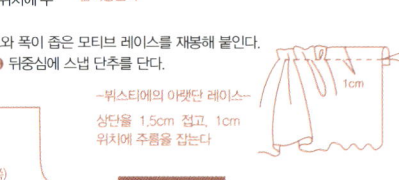

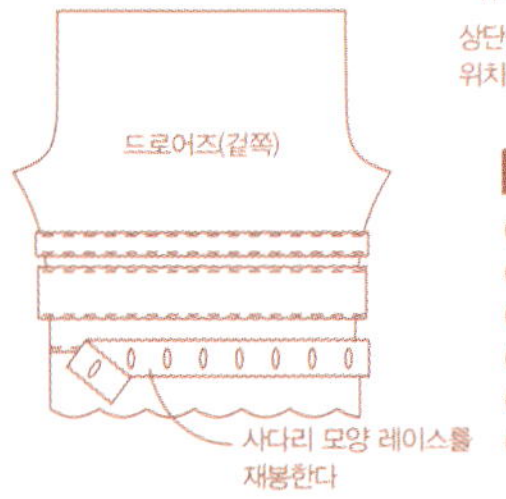

재료(가로x세로)

뷔스티에
☐ 얇은 면 80cm × 15cm
☐ 레이스 A 1.5cm 너비 × 25cm / 주름 토션
　　　　　　B 2.7cm 너비 정도 × 50cm / 어깨끈, 몸판 부분
　　　　　　C 1cm 너비 × 30cm / 주름 토션
　　　　　　D 6cm 너비 × 60cm / 아랫단용
　　　　　　E 0.8cm 너비 × 50cm / 모티브 레이스
　　　　　　F 0.8cm 너비 × 20cm / 리본 통과용
☐ 리본 0.3cm 너비 × 90cm
☐ 스냅 단추 3쌍

드로어즈
☐ 얇은 면 50cm × 20cm
☐ 레이스 B 2.7cm 너비 정도 × 40cm
　　　　　　G 1.3cm 너비 정도 × 40cm
　　　　　　H 2.3cm 너비 × 40cm / 사다리 모양 레이스
　　　　　　I 4.5cm 너비 × 40cm / 아랫단
☐ 고무줄 적당히
☐ 리본 0.3cm 너비 × 75cm

How to make 드로어즈

① 드로어즈에 레이스를 재봉해 붙인다.
② 앞뒤 판의 밑위를 재봉한다. 이때 한쪽에 고무줄을 통과시킬 부분을 만든다.
③ 밑아래를 재봉한다.
④ 허리선을 1.5cm 접고, 빙 둘러 재봉한다.
⑤ 허리선에 고무줄을 통과시킨 후, 입구를 감침질로 막는다.
⑥ 아랫단의 사다리 모양 레이스에 리본을 통과시켜서 묶어준다.

Mini Super Dollfie
design by Sawako ARAKI

BACK　FRONT

カイコ
KO

주로 피규어나 조립 모형을 제조, 판매하는 다이키공업에서 오랜만에 내놓은 오리지널 인형. 원형 제작은 이토야스(아민 가레키安眠ガレキ의 바). 60cm 오리지널 인형과 60cm 기본 체형의 교체 부품이 대표 상품인 메이커로서는 드물게 출시된 40cm의 1/4 스케일 인형. 인형 안구를 사용하는 것도 포인트입니다. 컬러 레진캐스트를 사용한 보디를 조립한 후에 메이크업을 하고 의상을 입히면 완성품 인형이 됩니다.

- 45-64cm dolls
- 35-44cm dolls
- 25-34cm dolls
- 15-24cm dolls

머리둘레 18.4cm
어깨너비 6.9cm
소매길이 13.7cm
키 42.0cm
밑아래 길이 20.8cm
발 길이 5.3cm

B : 16.6cm
W : 11.8cm
H : 18.8cm

Doll data

[인형명]	카이코
[회사명]	다이키공업
[발매시작]	2008년
[주요소재]	레진캐스트
[모델]	카이코(첫 번째 모델)
[참고가격]	49,350엔

비교적 매끈한 SD계의 몸통에 비해, 카이코는 늑골과 쇄골 등을 선명하게 조형한 것이 특징입니다. 팔꿈치나 무릎 등 관절 부위는 의도적으로 구체관절과 같은 형태를 취했고, 움직임과 자세가 안정적이어서 더 좋습니다.

Kaiko
design by Lemonadedoll

BACK FRONT

재료(가로×세로)

베이비 돌
- 면 보일지(80수 이상의 얇고 투명한 평직 원단-옮긴이) … 35cm × 15cm
- 면 론(아사 면 60수, 안감용) … 20cm × 5cm
- 면 보일지(프릴용) … 70cm × 5cm
- 리버 레이스 … 1cm 너비 × 50cm
- 리버 레이스 … 2cm 너비 × 70cm
- 장식 단추 … 직경 0.5cm × 3개
- 스냅 단추 … 2쌍   비즈, 단추 … 적당히

호박바지
- 면 보일지 … 20cm × 20cm
- 리버 레이스 … 1cm 너비 × 15cm
- 리버 레이스 … 2cm 너비 × 35cm
- 고무줄 … 0.4cm 너비 × 30cm

슈슈
- 면 보일지 … 16cm × 4cm
- 고무줄 … 4cm

나이트 캡
- 면 보일지 … 20cm × 20cm
- 면 론(안감용) … 20cm × 20cm
- 고무줄 … 너비 × 25cm
- 리버 레이스 … 1cm 너비 × 10cm
- 실크 리본 … 20cm
- 폼폼 … 1.2cm 너비 × 4개
- 비즈 … 적당히

How to make 베이비 돌
1. 겉감과 안감의 몸판 다트를 각각 재봉한다.
2. 어깨끈을 겉끼리 마주대고 재봉해서 겉으로 뒤집고, 상침 재봉해서 한쪽에 레이스를 단다.
3. 겉과 안 몸판 사이에 어깨끈을 끼워서 재봉해 합친다.
4. 프릴 원단의 아랫단에 레이스를 달고 주름을 잡아준 뒤, 치마의 아랫단에 재봉한다.
5. 치마에 주름을 잡아 겉 몸판에 재봉하고, 안 몸판은 공그르기로 마감한다.
6. 스냅 단추와 장식 단추를 앞중심에 단다.
7. 겉감과 같은 천으로 2.5 × 1.5cm 크기의 리본을 만들어 어깨끈 밑에 달아준다.

How to make 호박바지(블루머)
1. 아랫단에 레이스를 달고, 고무줄로 주름을 잡아준다.
2. 앞중심을 재봉해 합치고, 허릿단을 접어 고무줄을 넣도록 처리한다.
3. 뒤중심과 밑아래를 재봉해 합치고, 허리에 고무줄을 통과시킨다.
4. 레이스로 리본을 만들어 앞쪽에 달아준다.

How to make 슉스
1. 니트 원단의 상단을 접어 재봉한다.
2. 겉끼리 마주대어 옆선을 재봉하고 겉으로 뒤집는다.
3. 옆쪽에 폼폼을 달아서 장식한다.

How to make 슈슈
1. 겉감끼리 맞대, 창구멍을 남기고 단을 재봉한 후 겉으로 뒤집는다.
2. 고무줄을 통과시킨 후, 창구멍을 막는다.

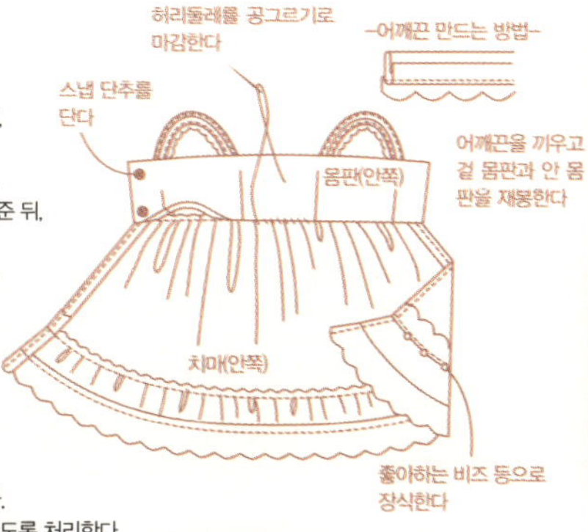

How to make 나이트 캡
1. 안감의 고무줄을 통과시킬 입구에 단춧구멍을 만든다.
2. 창구멍 4cm를 남기고, 겉감과 안감을 겉끼리 마주대어 재봉한다.
3. 겉으로 뒤집어 창구멍을 막는다. 고무줄 입구 라인과 가장자리에 상침 재봉한다.
4. 단춧구멍을 통해 고무줄을 통과시키고, 비즈와 레이스, 폼폼 리본 등으로 장식한다.

허리둘레를 공그르기로 마감한다
어깨끈 만드는 방법
스냅 단추를 단다
어깨끈을 끼우고 겉 몸판과 안 몸판을 재봉한다
몸판(안쪽)
치마안쪽
좋아하는 비즈 등으로 장식한다

© 다이키공업

조형사, 아라키 겐타로 씨가 제작하고 개인 판매하는 캐스트제 구체관절인형. 가발을 장착한 상태에서 인형 눈을 좌우로 움직일 수 있는 특수 장치를 넣었으며, 얼굴 부품을 교체하고 표정을 바꿀 수 있습니다. 얼굴 외에 보디 파트의 옵션도 있습니다. 소녀 타입의 시스트와 루시스, 소년 타입의 엘비와 비엘의 4종류. 2005년 소년 타입이 발매된 이후, 보디를 분할하고 팔꿈치 구조를 개량한 버전 1.5가 완성되었고 황색으로 보이던 피부도 분홍 계열이 되었습니다. 미조립 상태가 기본이고, 도장이 된 것과 안 된 것이 있습니다.

▶ 이쪽은 루시스. 버전 1.5의 부품은 소년 모델인 엘비, 비엘과도 호환됩니다.

Doll data

[인형명]	유노아 크루스
[회사명]	연금술공방
[발매시작]	2003년
[주요소재]	레진캐스트
[모델]	시스트
[참고가격]	39,900엔
[제작]	아라키 겐타로

유노아는 버전 1.5가 되면서 관절 등이 진화했기 때문에 자세 변환의 폭이 더욱 넓어졌습니다. 예전에는 구하기 힘든 인형이라는 이미지가 강했지만, 지금은 연금술공방공식 사이트에서 정기적으로 판매되고 있어서 안심입니다.

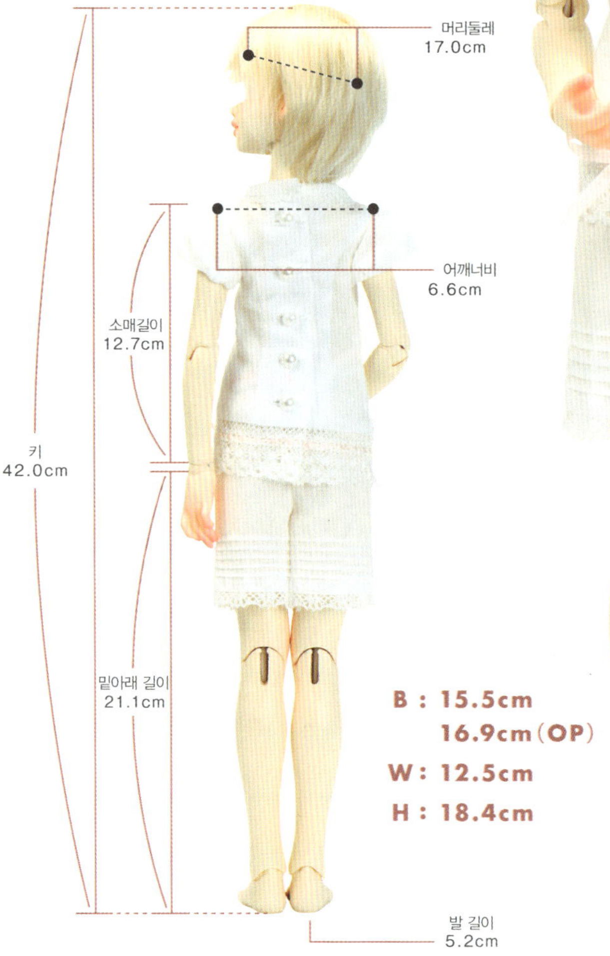

UNOA QULUTS

머리둘레 17.0cm
어깨너비 6.6cm
소매길이 12.7cm
키 42.0cm
밑아래 길이 21.1cm
발 길이 5.2cm

B : 15.5cm
16.9cm(OP)
W : 12.5cm
H : 18.4cm

45·64cm dolls
35·44cm dolls
25·34cm dolls
15·24cm dolls
05·14cm dolls

UNOA QULUTS
design by Little Princess

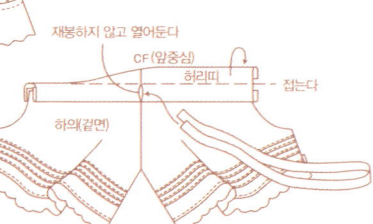

BACK　　FRONT

How to make 상의

① 앞판을 한 쌍 재단하고, 핀턱 주름을 미리 재봉한다. 1cm 너비의 바이어스테이프를 20cm × 2개 만들어둔다. 뒤중심에 접착심지를 붙인다.
② 앞판과 앞판 옆을 겉끼리 마주대고 재봉한다. 뒤판의 다트도 재봉하고 시접은 중심 쪽으로 접는다. 앞판과 뒤판의 어깨를 겉끼리 마주대어 재봉하고 시접은 가른다.
③ 소맷부리에 듬성듬성 홈질로 주름을 잡는다. 소맷부리를 7cm 정도로 줄여서 바이어스테이프로 감싼다. 소매산도 홈질로 주름을 잡아서, 몸판과 겉끼리 맞대 재봉한다. 시접은 몸판 쪽으로 접고 겉에서 상침 재봉한다.
④ 소맷부리의 바이어스테이프를 안쪽으로 접고, 소매 아래~옆선을 재봉한다.
⑤ 리본을 통과시킨 3.5cm 너비의 토션 레이스를 아랫단에 재봉한다. 시접을 몸판 쪽으로 접고 겉에서 상침 재봉한다. 목둘레를 바이어스테이프로 감싼다.
⑥ 뒤판의 안단을 안쪽으로 접고, 단춧구멍을 만들어서 단추를 달면 완성.

How to make 하의

① 패턴보다 길게 대충 잘라서 핀턱 주름을 잡는다. 허리띠용 원단 2장을 겉끼리 마주대어, 중심의 트임 끝 위치까지 재봉하고 시접을 가른다.
② 앞판 밑위를 겉끼리 마주대어 재봉한다. 앞판의 중심과 띠의 트임 위치를 맞추어, 겉끼리 마주대어 재봉해 합친다. 시접은 벨트 쪽으로 넘긴다. 반대쪽은 허리선에 맞춰 접으며 재봉한다. 완성된 띠에 실크 테이프를 통과시켜, 트임 부분으로 몇 센티 늘어지게 한다.
③ 뒤판 밑위와 밑아래를 재봉한다. 트임 부분의 실크 테이프를 적당한 길이로 자르면 완성.

재료 (가로×세로)

상의 & 하의
□ 면 론 (아사 면 60수~옴기이) … 112cm 너비 × 40cm
□ 토션 레이스 … 3.5cm 너비 × 30cm
□ 토션 레이스 … 1cm 너비 × 40cm
□ 실크 테이프 … 0.4cm 너비 × 30cm 정도
□ 체코 비즈 … 적당히
□ 자수용 실크 리본 … 적당히
□ 접착심지 … 적당히
□ 단추 … 직경 0.9cm 정도 × 5개

©Gentaro ARAKI

UNOA QULUTS 2ND

8등신에 어른스러운 비율을 가진 유노아 크루스의 44cm 버전. 흰 살결의 '크림'과 연갈색 피부의 '모카' 여성 타입 2종류가 있습니다. 어떤 옷이라도 입히기 편하고, 몸매 라인을 자랑할 것을 고려한 보디 부품은 일체형으로 발목은 움직이지 않습니다. 이전보다 부품의 개수가 적고 특별한 도구가 없어도 조립할 수 있다는 것이 특징입니다. 본지 8호에서 통신판매 했던 제품의 헤드는, 평상시보다 조금은 달콤한 얼굴을 가진 특별 버전입니다.

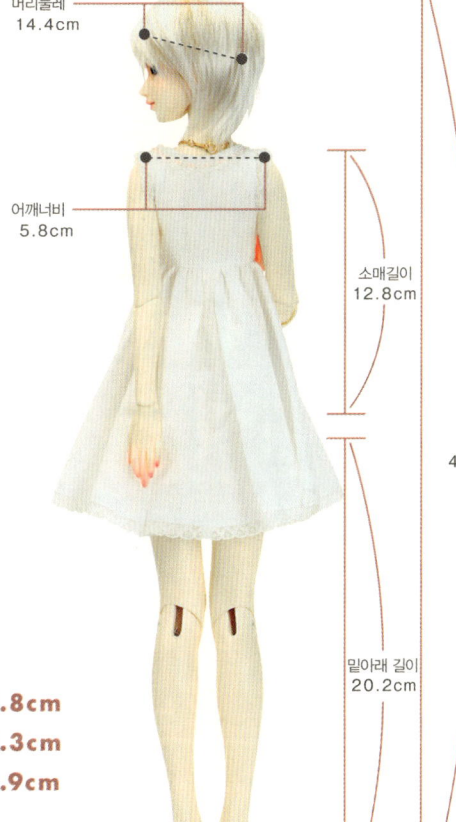

머리둘레 14.4cm
어깨너비 5.8cm
소매길이 12.8cm
키 42.0cm
밑아래 길이 20.2cm
발 길이 4.9cm(H)

B : 16.8cm
W : 10.3cm
H : 16.9cm

▶본지를 통해 한정 판매 되었던 인형 헤드, 아라키씨가 손으로 직접 만든 가발을 착용하고 있습니다.

Doll data

[인형명] 유노아 크루스 세컨드
[회사명] 호비재팬
[발매시작] 2006년
[주요소재] 레진캐스트
[모델] 크림
[참고가격] 39,000엔
[제작] 아라키 겐타로

일체형 몸체라 이음새가 없습니다. 노출이 있는 드레스 등을 맵시 있게 입힐 수 있는 것이 특징. 유노아나 제로와 달리, 얼굴을 교환하려면 한 번은 머리를 빼야 합니다. 크림 외에도, 구릿빛 피부의 모카를 출시했습니다.

UNOA QULUTS 2nd
design by Little Princess

BACK   FRONT

재료 (가로X세로)

베이비 돌 & 쇼츠
- 면 론(아사 면 60수 - 움간이) … 112cm X 30cm
- 토션 레이스 … 0.4cm 너비 X 100cm
- 자수용 실크 리본 … 적당히
- 스판 망사 … 적당히
- 진주 비즈 … 3개
- 실크 공단 리본 3cm 너비 … 적당히
- 스프링 걸고리 … 1쌍

How to make 베이비 돌

❶ 몸판의 겉감과 안감 다트를 각각 재봉한다. 겉감의 진동둘레에 레이스를 재봉하고 시접을 가른다. 치마 부분의 아랫단에 레이스를 재봉한다. 성글성글 홈질로 허리둘레에 주름을 균일하게 잡아준다.
❷ 몸판의 겉감과 치마 부분을 겉끼리 마주대어 재봉하고 시접을 몸판 쪽으로 접는다. 몸판의 겉감과 안감을 겉끼리 마주대어 앞중심~목둘레~앞중심을 재봉한다. 진동둘레와 허리둘레의 시접을 안쪽으로 접어 넣고 감침질로 마감한다. 리본을 통과시킨 토션 레이스를 목둘레에 재봉한다.
❸ 앞중심에 매듭지어 만든 리본을 달고, 안감에 걸고리를 달아주면 완성.

How to make 쇼츠

❶ 앞뒤 각각의 절개 부분을 겉끼리 마주대어 재봉하고, 허리둘레와 허벅지 둘레를 안쪽으로 접어서 재봉한다.
❷ 옆선을 재봉하고 앞부분에 장식을 달아주면 완성.

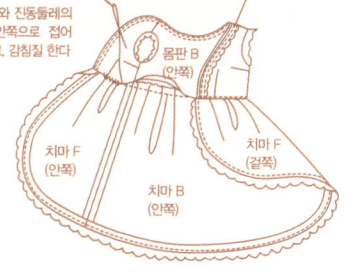

©Gentaro ARAKI

'웬트워스의 집(House of Wentworth)'이라 불리는 뉴욕에 위치한 공동 작업실에서 태어난 1/4 사이즈 인형. 주인공 타일러 웬트워스는 자기 자신을 모델로 한 이 인형에게 자신이 디자인한 옷을 입혔습니다. 머리와 팔다리의 접합 부분과 무릎이 움직이는 것은 기본이지만 2002년에는 팔꿈치가 움직이는 BA 보디가, 2003년에는 전신 관절이 움직이는 AR 보디가 등장했습니다. 친구 인형인 '브렌다 스타'도 같은 보디를 사용하고 있습니다.

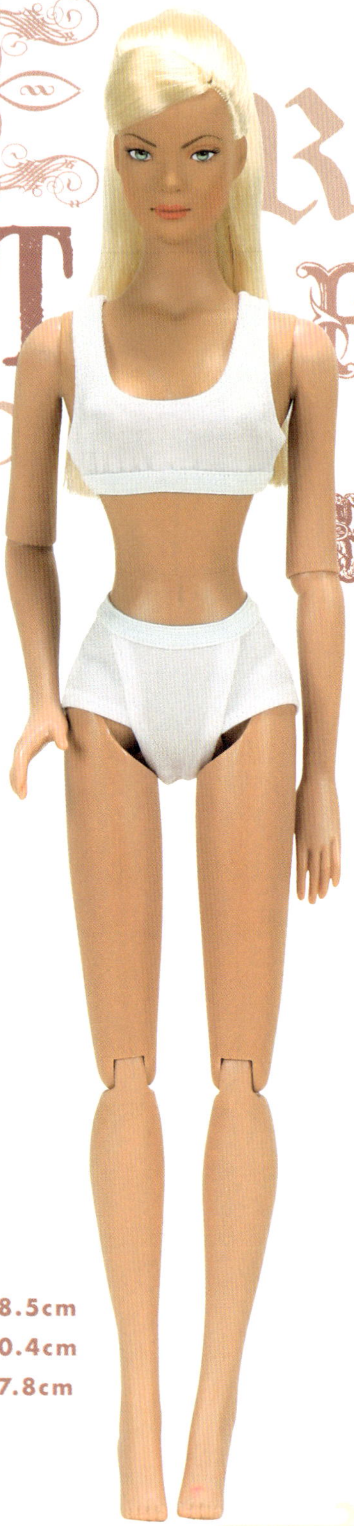

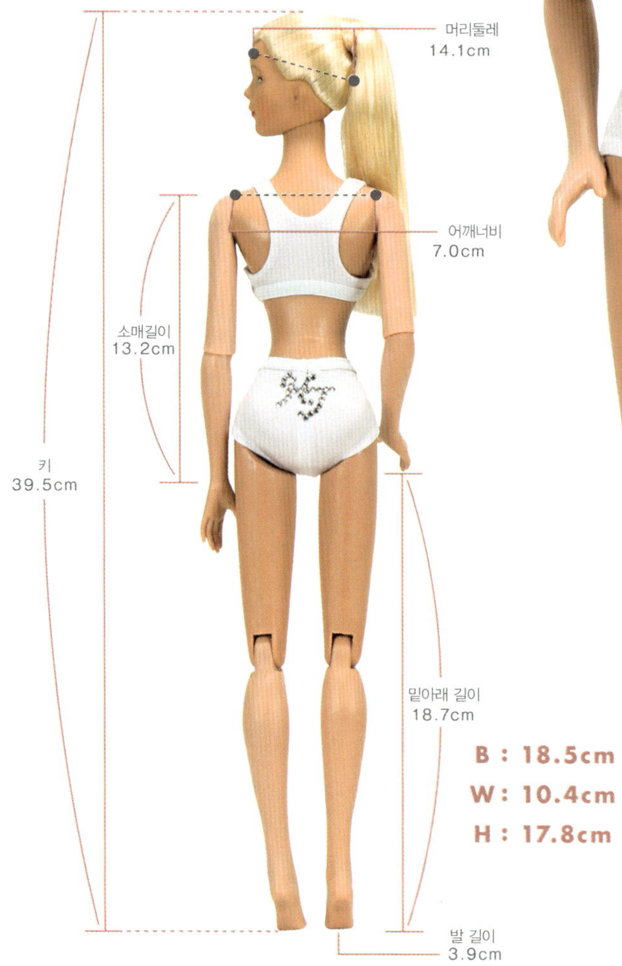

Doll data

[인형명] 타일러 웬트워스

[회사명] 토너 돌

[발매시작] 1999년

[주요소재] ABS + PVC

[모델] Sausy Ready-to-Wear(금발)

[참고가격] 9,975엔

트위스트 & 턴 바비처럼 허리의 분할이 비스듬한 형태라서 포즈의 폭이 넓어졌습니다. 이 인형에 입힐 란제리라면 신축성 있는 소재를 추천합니다. 조금 작게 만들면 생동감 넘치면서도 쿨하게 연출할 수 있습니다.

머리둘레 14.1cm
어깨너비 7.0cm
소매길이 13.2cm
키 39.5cm
밑아래 길이 18.7cm
발 길이 3.9cm

B : 18.5cm
W : 10.4cm
H : 17.8cm

How to make 스포츠 브래지어
1. 앞판, 뒤판의 어깨를 재봉해서 합친다.
2. 목둘레의 완성선을 재봉한다.
3. 좌우 진동둘레의 완성선을 재봉한다.
4. 오른쪽 옆선을 재봉한다.
5. 브래지어의 아랫단과 2~3mm 겹치게 고무 밴드를 지그재그 재봉한다(전체 길이가 균등하도록 당기면서).
6. 왼쪽 옆선을 재봉한다.

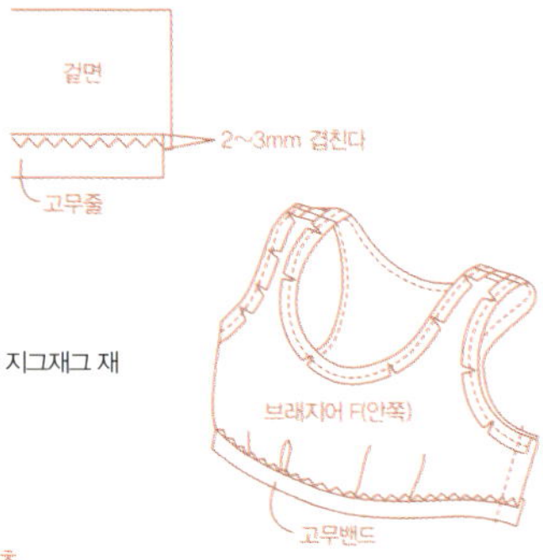

How to make 쇼츠
1. 뒤판(사이드 포함)의 아랫단을 완성선에 맞춰 재봉한다.
2. 앞판과 뒤판을 재봉한다.
3. 재봉한 시접을 앞판 쪽으로 접고 상침 재봉한다.
4. 쇼츠의 허리둘레와 2~3mm 겹치게 고무 밴드를 지그재그 재봉한다(전체 길이가 균등하도록 당기면서).
5. 뒤중심을 재봉해 합친다.
6. 가랑이 부분을 재봉해 합친다.
7. 취향에 따라 다림질로 접착되는 라인스톤 등을 붙여서 장식한다.

재료(가로×세로)

스포츠 브래지어
- 투웨이(수영복 등에 사용되는 스판 원단 = 옮긴이) ··· 25cm × 8cm
- 편평한 고무 밴드(8골) ··· 13cm

쇼츠
- 투웨이 ··· 25cm × 8cm
- 편평한 고무 밴드(8골) ··· 12cm
- 라인스톤(다림질 접착되는) ··· 적당히

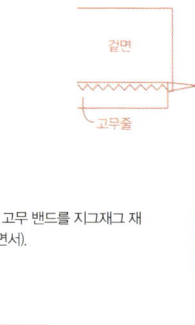
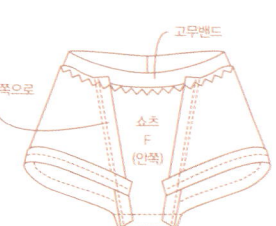

TylerWentworth
design by SALTVALLEY

BACK FRONT

Tyler Wentworth® is a registered trademark of the Tonner Doll Company, Inc. All Rights Reserved. ©2004 TONNER Doll Company, Inc.All Rights Reserved.
www.tylerwentworth.com www.tonnerdoll.com

LITTLE JUNIOR

한국 업체의 오리지널 구체관절인형 AI 시리즈의 한 라인. 사춘기에 접어든 청소년의 이미지를 형상화한 40cm급의 인형입니다. 다른 AI 시리즈처럼 몇 종류의 남자와 여자아이가 발매되고 있습니다. 헤드는 쁘띠 앙팡(Petite Enfant)과 거의 같은 크기인데(똑같은 헤드의 한정판도 있습니다), 팔다리가 날씬하게 뻗은 약간 어른스러운 체형의 보디와 조합되어 전체적으로 성장한 분위기를 냅니다.

머리둘레 16.6cm
어깨너비 6.2cm
소매길이 10.8cm
키 35.0cm
밑아래 길이 15.8cm
발 길이 5.0cm

B : 16.2cm
W : 12.9cm
H : 16.4cm

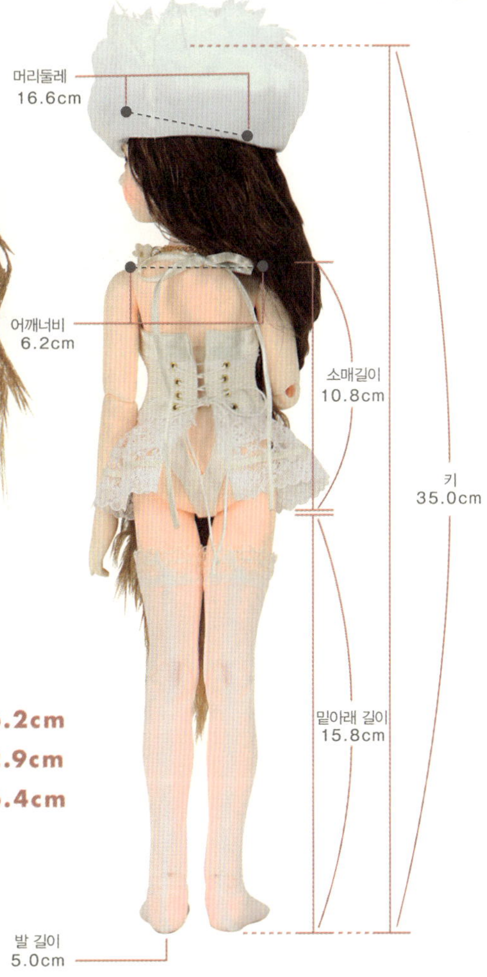

Doll data

[인형명] 리틀 주니어
[회사명] 커스텀하우스
[발매시작] 2005년
[주요소재] 레진캐스트

[모델] 다래
[참고가격] 60,000엔

팔다리가 길고 몸통이 짧은 이상형 보디와(잘록한 허리는 없지만) 어린 표정의 불균형이 매력적인 리틀 주니어. 아이 옷부터 클래식 드레스, 대담한 하이패션까지 다양한 옷을 멋지게 소화합니다. 모자는 쁘띠 아이도 착용 가능!

Little Junior
design by Honey Meryl

BACK   FRONT

재료(가로X세로)

보디 슈트
- 그로그랭 원단(면 가로 골지 원단-울링이) … 30cm X 10cm
- 새틴 … 30cm X 14cm
- 실크 … 20cm X 15cm
- 안감 … 34cm X 18cm
- 망사 원단 … 15cm X 12cm
- 리버 레이스 … 0.8cm 너비 X 40cm
  2cm 너비 X 35cm
  2.4cm 너비 X 35cm
- 토션 레이스 … 0.8cm 너비 X 25cm
- 나일론 레이스 … 2cm 너비 X 12cm
- 새틴 리본 … 0.3cm 너비 X 55cm
  0.2cm 너비 X 35cm
- 아일릿 … 직경 0.2cm X 8개
- 조화 … 적당히
- 비즈 … 적당히
- 단면이 둥근 끈 … 50cm
- 두꺼운 종이(0.5cm 너비로 자른 것) … 적당히

How to make 보디 슈트

1. 앞 몸판을 망사, 레이스 등으로 장식해서, 몸판 각 부분을 겉끼리 마주대어 재봉하고, 겉에서 상침 재봉한다.
2. 몸판과 요크 사이에 레이스를 끼우고 겉끼리 마주대고 재봉한다.
3. 안감도 1, 2와 같은 방법으로 재봉한다.
4. 쇼츠를 겉끼리 마주대어 재봉하고, 겉으로 뒤집어 상침 재봉한다. 5. 몸판의 겉과 안을 겉끼리 마주대어, 허리둘레 이외의 가장자리를 재봉한다.
6. 허리둘레에 쇼츠를 겉끼리 마주 대어 재봉하고, 겉으로 뒤집는다.
7. 몸판 안감의 허리둘레를 완성선에 맞춰 접고, 양쪽 단에서 0.7cm를 남기고 공그르기한다.
8. 뒷단 끝에서 0.7cm 위치에 상침 재봉하고, 0.5cm 너비로 자른 두꺼운 종이조각을 끼워 넣어 공그르기한다.
9. 레이스를 2장 겹쳐서 넓은 폭의 치마를 만든다. 리본 등으로 장식하고 주름을 잡는다. 10. 치마를 몸판에 달고 그 위에 레이스를 붙인다.
11. 뒤에 아일릿을 단다.
12. 요크의 앞쪽을 구부려 접어서 모양을 정리하고 망사, 리본, 비즈로 장식한다.
13. 어깨끈을 붙인다.

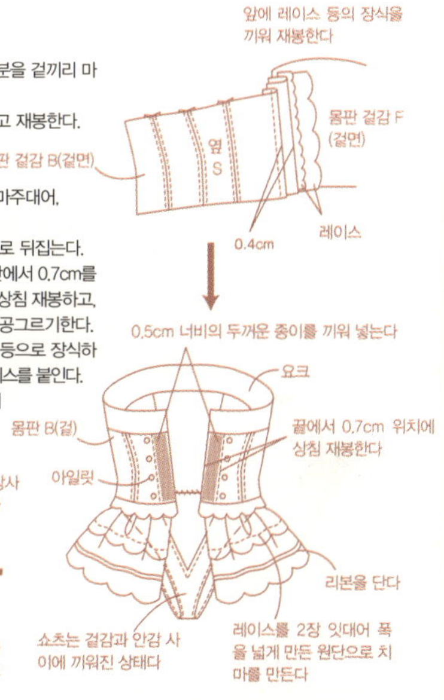

헤드에 '오늘의 기분'을 표현하는 인형 안구를 사용한 큰 사이즈 인형. 헤드 뒤의 레버를 조작해서 눈동자와 눈꺼풀을 움직이는 특수 장치를 넣었는데, 초기에는 조절 장치가 외부에서 보였습니다. 2004년에는 조절 장치를 없애고 가슴 부분을 고무 소재로 만들어 사실적인 체형의 몸매로 변경되었습니다. 2005년 7월부터는 다소 작고 마른 몸매가 등장했습니다. 관절 움직임도 유연하고 자연스러워졌으며, 눈을 감은 상태를 유지할 수 있습니다.

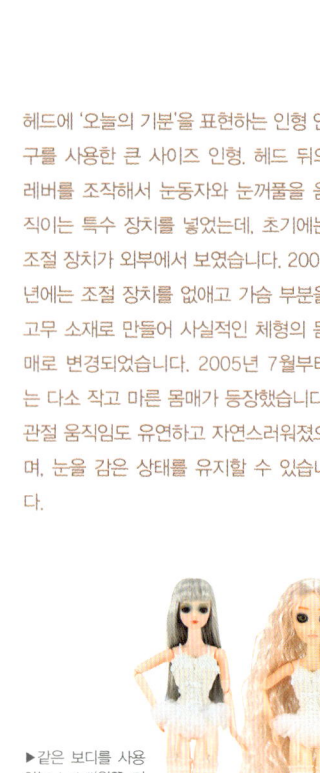

▶같은 보디를 사용하는 J-doll(왼쪽, 머리둘레 12cm)과 헤스티아(오른쪽, 머리둘레 14.3cm)

Doll data

[인형명] 푸리프
[회사명] 준 플레잉
[발매시작] 2003년
[주요소재] ABS

[모델] Uncanricky(한국에서는 안캐릭키로 통용-옮긴이)
[참고가격] 10,500엔(~13,650엔)

신체 밸런스에 비해 손발이 작아서 옷을 갈아입히기 편합니다. 2005년 이전의 2nd 보디와는 크기가 조금 다르므로 옷, 신발 사이즈 체크는 필수 참고로 2nd 보디용 신발들은 사쿠라나에 딱 맞는 사이즈입니다.

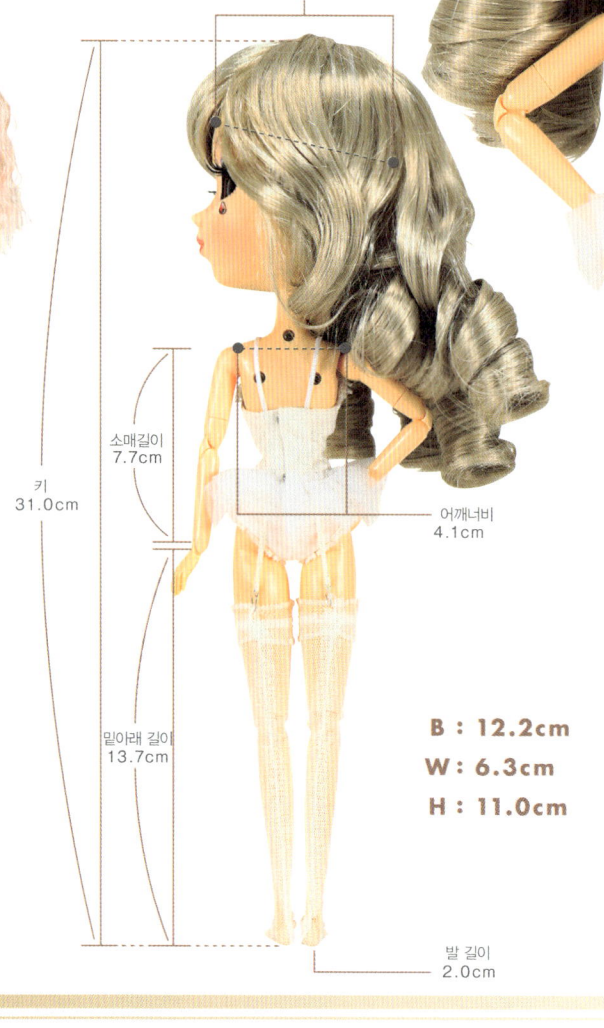

머리둘레 23.7cm
소매길이 7.7cm
어깨너비 4.1cm
키 31.0cm
밑아래 길이 13.7cm
발 길이 2.0cm

B : 12.2cm
W : 6.3cm
H : 11.0cm

How to make 프릴 뷰스티에

1. 실크에 패턴을 베끼고, 부드러운 망사 원단과 겹쳐서 주변을 움직이지 않게 고정하고 잘라준다.
2. 브래지어 부분의 다트를 재봉한다. 시접은 3mm 남기고 잘라서 가름솔한다.
3. 앞판의 중앙과 앞판 옆면 사이에 레이스를 끼워 재봉해서, 시접은 옆선 쪽으로 접고 눌러가며 재봉한다.
4. 몸판의 시접에 가위집을 넣고 브래지어와 재봉한 후, 시접은 브래지어 쪽으로 넘기고 눌러 재봉한다. 5. 앞중심을 재봉하고 시접을 가른다.
6. 뒤판 중앙과 뒤판 옆면을 재봉해서, 시접은 중앙 쪽으로 넘기고 눌러 재봉한다.
7. 옆선을 재봉하고 시접을 가른다.
8. 뒷단과 상단을 완성선대로 접어 눌러가며 재봉한다. 왼쪽 뒤판에 실 고리용 스티치를 해둔다. 아랫단은 오버로크 재봉한다.
9. 브래지어의 상단에 잘라놓은 털실을 접착제로 붙이고 레이스를 덧대어 재봉한다.
10. 어깨끈을 재봉해 붙인다.
11. 접는 위치에 치마를 반으로 접고, 몸판 아랫단의 폭에 맞추어 주름을 잡는다.
12. 몸판 아랫단에 치마를 재봉한다.
13. 몸판 아랫단에 서스펜더용 리본(4.5cm)을 달아준다.
14. 서스펜더 앞쪽에 앞 구부린 9핀을 단다.
15. 걸고리를 달고 실 고리를 만든다. 앞판 중앙의 레이스에 리본을 엮어서 묶어준다. 16. 브래지어 중앙에 진주 비즈를 단다.

How to make 프릴 쇼츠

1. 허리둘레의 시접에 가위집을 넣어 완성선을 접은 후, 고무 레이스와 겹쳐서 재봉한다.
2. 재봉 후에는 고무 레이스의 고무 부분을 잘라준다. 허벅지 쪽도 같은 방법으로 처리한다.
3. 상단에 고무 레이스를 2단 재봉해 붙이고, 고무 부분을 잘라준다.
4. 뒤중심을 재봉하고 시접을 가른다. 5. 밑아래를 재봉하고 시접을 가른다.

재료(가로X세로)

프릴 뷰스티에
- 실크 — 20cm X 15cm
- 부드러운 망사 — 20cm X 15cm
- 트리코트 하프(국내에서는 에쿠스 무지 또는 스판 망사 사용-옮긴이) — 40cm X 5cm
- 어깨끈용 0.2cm 너비 리본 — 12cm
- 서스펜더용 0.2cm 너비 리본 — 20cm
- 앞중심용 0.2cm 너비 리본 — 30cm
- 털실 — 60cm
- 리버 레이스 — 0.5cm 너비 X 20cm
- 진주 비즈 — 직경 0.2cm X 1개
- 9핀 — 4개   걸고리 — 3쌍

프릴 쇼츠
- 싱글 스판(스타킹이나 수영복 안감용 스판 원단-옮긴이) — 16cm X 8cm
- 고무 레이스 — 60cm

망사 스타킹
- 파워 네트(고강도 스판 그물 망사-옮긴이) — 16cm X 16cm
- 고무 레이스 — 16cm

How to make 망사 스타킹

1. 입구 부분에 고무 레이스를 덧대어 재봉한다.
2. 뒤중심을 재봉한다.
3. 발뒤꿈치 부분에 가위집을 넣고, 겉으로 뒤집는다.

Pullip
design by momolita

BACK   FRONT

BLYTHE

약 3등신의 큰 헤드에 인형 눈이 4색으로 변하는 특수 장치를 넣은 인형으로, 1972년 한 해만 미국 케너(Kenner)사에서 발매되었습니다. 그 후 2000년에 출간된 사진집과 TV 크리스마스 CM으로 주목을 받아 일본에서 재발매 되었습니다. 당초에는 리카 인형과 같은 몸매였지만 2002년 6월부터 엑셀런트 보디를 채용했습니다. 2003년 말부터는 헤드를 빈티지풍으로 만든 슈퍼리어 사양이 발매됐고, 2006년 9월에는 더욱더 빈티지에 가까워지고 아이홀(eyehole) 부분이 큰 래디언스 사양이 등장했습니다.

머리둘레 24.6cm
어깨너비 4.0cm
소매길이 6.5cm
키 29.5cm
B : 10.3cm
W : 6.8cm
H : 9.4cm
밑아래 길이 10.6cm
발 길이 2.1cm

Doll data

[인형명] 네오 브라이스

[회사명] 다카라 토미

[발매시작] 2001년

[주요소재] ABS + PP

[모델] 안젤리카 이브※

[참고가격] 13,440엔

머리카락이나 눈의 색깔, 얼굴 형태 등이 매년 진화하고 있는 헤드에 비해, 몸은 2002년부터 별다른 변화가 없습니다. 팔다리가 수지 소재라서 원단과 달라붙기 쉬워, 옷을 갈아입히기가 매우 힘듭니다. 베이비 파우더의 사용을 권합니다.

※사진 모델은 가발을 착용하고 있습니다.

BLYTHE design by LOVESOUND

BACK FRONT

재료(가로X세로)

캐미솔
- 샴브레이(광택이 나는 이중직의 30~40수 사이의 면 원단-옅은이) … 27cm X 11cm
- 레이스(아랫단) … 1cm X 18cm
- 레이스 0.6cm 너비 X 48cm
- 비즈 직경 0.4cm X 1개
- 비즈 직경 0.1cm X 3개
- 리본 … 4cm 너비 X 적당히

호박바지
- 샴브레이 20cm X 9cm
- 레이스 1cm X 19cm
- 고무줄 0.4cm 너비 X 25cm
- 리본 테이프 0.1cm 너비 X 적당히

How to make 캐미솔

1. 앞 요크의 핀턱 주름을 재봉한다.
2. 앞뒤 몸판의 각 부분에 레이스(0.6cm 너비)를 재봉하고 상침 재봉한다.
3. 앞판 상단에 주름을 잡는다.
4. 앞뒤 몸판 각각, 요크와 재봉해 합친다.
5. 어깨를 겉끼리 마주대어 재봉한다.
6. 소매의 단을 상침 재봉해 마감하고, 소매산에 주름을 잡아 몸판에 재봉해 붙인다.
7. 목둘레 안단을 겉끼리 마주대어 재봉한다.
8. 아랫단에 레이스(0.6cm 너비)를 재봉해서 달아준다.
9. 뒤중심을 접어 단에 상침 재봉한다.
10. 뒤트임에 비즈(직경 0.4cm)와 실 고리를 단다.
11. 장식용 리본과 비즈를 달면 완성.

How to make 호박바지

1. 핀턱 주름을 재봉한다.
2. 아랫단에 레이스를 재봉하고 상침 재봉한다.
3. 아랫단에 고무줄로 주름을 잡아 재봉한다(5.5cm 이상).
4. 앞중심을 재봉한다.
5. 허리의 시접을 접어 상침 재봉해서, 고무줄(7cm 이상)을 통과시킨다.
6. 뒤중심을 겉끼리 마주대어 재봉한다.
7. 밑아래를 겉끼리 마주대어 재봉한다.
8. 장식용 리본을 달면 완성.

—몸판에 레이스를 다는 방법—

0.6cm 너비의 레이스
0.25cm 너비의 레이스가 엿보이도록
몸판
실 고리
안단(안쪽)
몸판 윗부분에 주름을 잡아준다

허리둘레의 시접을 접고 상침 재봉한 후, 고무줄(7cm 이상)을 통과시킨다

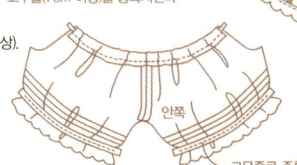

안쪽

고무줄로 주름을 잡는다(5.5cm 이상)

NU FACE

제이슨 우가 크리에이티브 디렉터를 맡은 2001년부터 발매된 패션 로열티 컬렉션 라인의 하나. '모델 비헤이비어(Model Behaviour)'에서 2008년 '누 페이스(Nu Face)'로 개명. 사토 쿄리(Sato Kyori)가 발탁한 미시마 화장품 전속의 젊은 모델이라는 설정 때문에 FR의 다른 인형보다 가슴이 작은 전용 보디로 되어 있습니다. 모델이라 설정된 기존 FR 인형이 우아한 분위기를 풍기는 것과는 달리, 메이크업에서 패션에 이르기까지 전체적으로 현대적인 배드 걸(bad girl) 이미지를 갖고 있습니다.

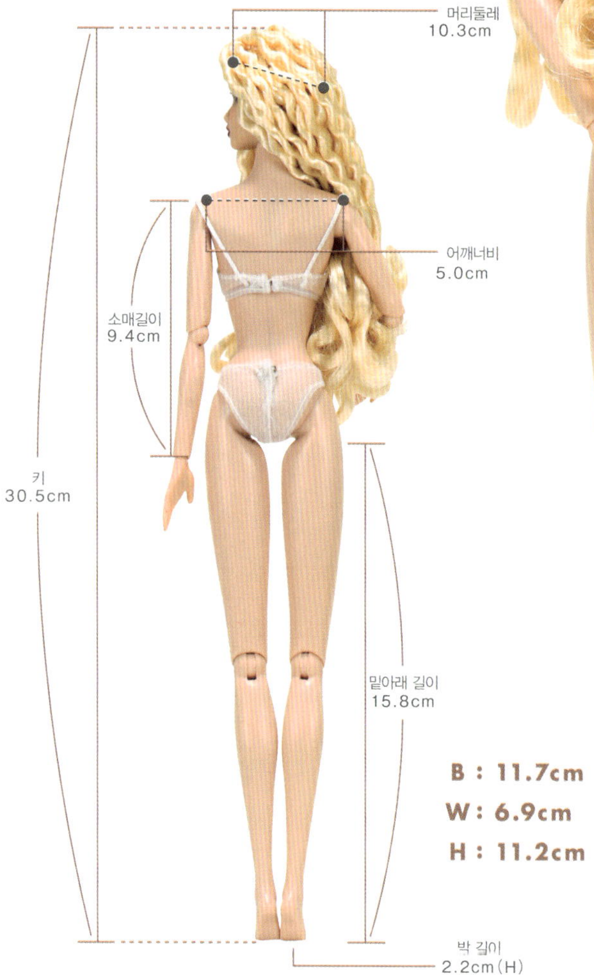

머리둘레 10.3cm
어깨너비 5.0cm
소매길이 9.4cm
키 30.5cm
밑아래 길이 15.8cm
발 길이 2.2cm(H)

B : 11.7cm
W : 6.9cm
H : 11.2cm

Doll data

[인형명] 뉴페이스(원명 누페이스)
[회사명] 인테그리티 토이즈
[발매시작] 2005년
[주요소재] ABS + PVC
[모델] 에린 살스톤
[참고가격] 14,900엔

제이슨 우가 직접 디자인한 란제리. 사진처럼 비치는 소재로 제작하면 꽤 섹시하지만, 천을 바꾸면 다양한 분위기로 만들 수 있는 전통적인 형태입니다. 꼭 도전해보세요!

How to make 브래지어
1. 브래지어 컵의 다트 부분을 재봉해서, 브래지어 몸판과 재봉해 합친다.
2. 시접을 몸판 쪽으로 접고 상침 재봉으로 고정한다.
3. 브래지어 몸판의 시접들을 안쪽으로 접어주고, 상침 재봉으로 고정한다.
4. 둥근 고리를 통과시킨 어깨끈용 리본을 재봉해 붙인다(완성 치수는 6cm).
5. 뒤에 걸고리 호크를 달아준다.

How to make 쇼츠
1. 허벅지 둘레의 시접을 안쪽으로 접어 상침 재봉한다.
2. 뒤중심을 트임 끝 위치까지 재봉한다.
3. 허리둘레의 시접은 안쪽으로 접고 뒤중심은 시접을 갈라, 상침 재봉한다.
4. 밑아래를 재봉한다.
5. 뒤 트임에 걸고리 호크를 달아준다.

재료(가로×세로)

브래지어
- 나일론 트리코트(국내에서는 투웨이 스판 또는 훌다 사용—울긴이) … 11cm × 6cm
- 레이스 … 2cm 너비 이상 × 6cm
- 리본 또는 단면이 둥근 끈(어깨끈용) … 0.2cm 너비 정도 × 18cm
- 걸고리 호크 … 1쌍

쇼츠
- 나일론 트리코트 … 12cm × 5cm
- 걸고리 호크 … 1쌍

Nu Face
design by Jason Wu

BACK   FRONT

©2008 Integrity Toys, Inc. and JWU LLC. All rights reserved.

FR NIPPON MISAKI

FR의 크리에이티브 디렉터 제이슨 우의 작품. 일본 여인에게 영감을 받아, 일본 팬을 위해 만든 미사키(Misaki)를 주인공으로 하는 스페셜 라인. 속눈썹은 실제 속눈썹처럼 만들어졌으며 목, 팔다리의 관절 부분, 팔꿈치와 무릎, 손목과 발목, 가슴 아래 등 보디의 가동성이 높습니다. 일본과 프랑스 혼혈이라는 설정으로 만들어졌으며 일반적인 패션 로열티 컬렉션보다 늘씬합니다. 섬세하게 조형된 손가락은 한 개씩 분리되고, 발가락은 엄지 발가락만 분리되어 있습니다.

- 머리둘레 10.3cm
- 어깨너비 5.0cm
- 소매길이 9.4cm
- 키 30.5cm
- 밑아래 길이 15.8cm
- 발 길이 2.4cm

B : 11.7cm
W : 6.9cm
H : 11.2cm

Doll data

[인형명] FR 니폰

[회사명] 인테그리티 토이즈

[발매시작] 2005년

[주요소재] ABS + PVC

[모델] 가을 샴페인(Autumn Champagne) 미사키

[참고가격] 14,700엔

사실상 모델 비헤이비어와 거의 같은 치수의 보디를 사용하는 미사키, 헤드와 발목(평발)이 오리지널의 형태로 되어 있습니다. 그래서 모델 비헤이비어나 미사키는 누구의 란제리를 만들어도 OK.

FR nippon MISAKI
design by Jason Wu

BACK / FRONT

재료(가로X세로)

올인원
- 새틴 … 30cm X 10cm
- 안감 … 30cm X 10cm
- 그물 망사 … 20cm X 10cm
- 리본 또는 단면이 둥근 끈(어깨끈용) … 0.2cm 너비 X 60cm
- 둥근 링 : 직경 0.3cm 너비 X 2개
- 인형용 지퍼 : 약 5cm
- 후크 : 4개
- 걸고리 호크 : 1쌍

스타킹
- 나일론 트리코트 … 15cm X 20cm

How to make 올인원

1. 앞판 겉감에 망사를 덧대고 앞판 옆 부분을 재봉하여 합친다. 시접은 가르고 상침 재봉한다.
2. 겉감 브래지어 컵의 위아래를 이어 붙여 몸판에 재봉한다. 시접은 몸판 쪽으로 접고 상침 재봉으로 고정한다. (컵 아래에는 망사를 덧대준다.)
3. 겉감의 뒤중심을 트임 끝까지 재봉한다. 시접은 가르고 지퍼를 달아준다.
4. 겉감의 뒤판과 뒤판 옆 부분을 이어준다. 시접은 가르고 상침 재봉한다.
5. 앞뒤 겉감의 옆선을 재봉한다.
6. 쇼츠를 겉끼리 맞대 옆면을 재봉한 후, 겉에서 상침 재봉한다.
7. 안감의 다트를 재봉하고 브래지어 컵을 재봉해 붙인 뒤 옆선도 재봉한다 (뒤트임 부분은 재봉하지 않는다).
8. 아래 몸판의 뒤중심과 옆선을 재봉하여 합친다.
9. 안감의 위아래 몸판 사이에 쇼츠를 끼우고 재봉하여 합친다.
10. 겉 몸판과 안 몸판을 겉끼리 마주대고, 아랫단엔 후크를 통과시킨 가터벨트용 리본을 끼우고, 브래지어 컵엔 둥근 고리를 통과시킨 어깨끈용 리본을 끼워서 위아래 단을 재봉한다.
11. 겉으로 뒤집어, 안감의 뒤중심을 공그르기로 막아준다.
12. 몸판 윗부분에 상침 재봉한다.
13. 뒤중심의 상단에 걸고리를 달아준다.

How to make 스타킹

1. 원단의 윗부분을 접어서 재봉한다.
2. 원단을 겉끼리 마주보게 반으로 접어 가장자리를 재봉한 뒤, 겉으로 뒤집는다.

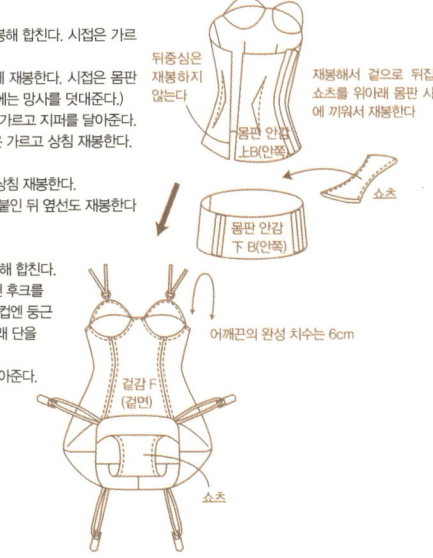

어깨끈의 완성 치수는 6cm

SAKURANA

반다이 의류 사업부에서 만든 전속 모델 콘셉트의 1/6 인형. 디자이너 유닛인 'UNIVERSAL POOYAN'이 기획했습니다. 헤드와 보디는 오리지널이지만 제2탄부터는 귀걸이 구멍(가이드)을 설치한 새 헤드로 변경되었습니다. 옵션으로 교체용 손목과 굽 높이의 변화에 대응할 수 있는 발 부품이 들어 있습니다. 리얼한 패션을 목표로, 다른 브랜드와 콜라보도 전개 중입니다.

머리둘레 11.3cm
어깨너비 4.3cm
소매길이 9.2cm
키 28.5cm
밑아래 길이 14.9cm
발 길이 3.0cm

B : 12.2cm
W : 7.8cm
H : 13.0cm

Doll data

[인형명] 사쿠라나
[회사명] 반다이 의류 사업부
[발매시작] 2007년
[주요소재] ABS + PVC
[모델] 사쿠라나 2nd
[참고가격] 15,000엔

액션 피규어풍의 큰 발 덕분에 자립이 쉽고 균형 잡힌 포즈를 즐길 수 있는 반면, 대응하는 신발이 적은 것이 좀 아쉽습니다. 교환할 수 있는 손목, 발목 부품이 들어 있습니다. 힐발을 장착한 키는 29.5cm입니다.

SAKURANA
design by UNIVERSAL POOYAN

BACK　FRONT

재료(가로X세로)

뷔스티에
- 트리코트(국내에서는 싱글다이마루 스판 사용 - 올긴이) … 8cm X 3cm
- 스판 망사 … 12cm X 4.5cm
- 레이스(앞판 가운데) … 2.5cm 너비 X 4.5cm
- 스판 레이스(브래지어 컵 위) … 1.3cm 너비 X 7cm
- 뒤여밈용 스판 레이스 … 겉으로 보이는 부분이 0.5cm 너비 X 4.5cm
- 장식용 끈 … 45cm
- 아랫단용 레이스 … 0.5cm 너비 X 12cm
- 리본 … 1.5cm 너비 X 45cm
- 비즈 … 3개

쇼츠
- 트리코트 … 13cm X 5.5cm
- 레이스 … 0.5cm 너비 X 13cm

스타킹
- 스판 망사 … 12cm X 18cm
- 스판 레이스 … 1.3cm 너비 X 12cm

How to make 브래지어
1. 브래지어 컵의 위아래를 재봉해서 합쳐준 후, 브래지어 뒷 부분을 재봉해 합친다.
2. 몸판 앞의 중앙에 레이스를 재봉해서 붙인 후 뒤판을 재봉하고, 브래지어 부분도 재봉해서 합쳐준다.
3. 뒤쪽 트임에 여밈용 레이스를 달고, 끈 또는 레이스로 엮어준다.
4. 브래지어 컵의 테두리와 어깨끈용 장식 끈을 접착 또는 재봉해서 붙여준다.
5. 몸판 아랫단에 레이스를 달아준다.
6. 리본, 비즈 등으로 장식한다.

How to make 쇼츠
1. 쇼츠 상단과 허벅지 둘레의 시접을 안으로 접어 재봉한다.
2. 뒤중심을 재봉해 합치고 밑아래도 재봉해 합친다.
3. 허벅지 둘레에 장식용 레이스를 접착하고, 재봉한다.

How to make 스타킹
1. 상단에 레이스를 재봉한다. 겉끼리 마주대어 반으로 접어 재봉하고 겉으로 뒤집는다.

SAHRA

만화가의 직감으로 얼굴을 디자인했다는 27cm 크기의 오리지널 인형입니다. 예전에 다카라에서 만든 슈퍼 액션 제니(SAJ)의 보디를 채용. 관절의 움직이는 부분이 많아 자유롭게 자세를 취할 수 있습니다. 일반적으로 날씬한 노멀 타입이지만, 2004년 발매된 '블루 퀴라소'는 비키니가 어울릴 것 같은 다이너마이트 보디로 되어 있습니다. 2003년에는 오비츠 보디 60을 사용한 60cm 시리즈도 출시됐습니다.

Doll data

[인형명] 사라
[회사명] 아존 인터내셔널
[발매시작] 2000년
[주요소재] ABS + PVC
[모델] 사라 내추럴리
[참고가격] 5,985엔

1990년대부터 계속 사랑받는 SAJ는 예전 모모코에서도 단골로 사용되던 보디입니다. 인형 의류 메이커인 아존 오리지널 인형에도 사용되는 것으로 다양한 옷을 갈아입힐 수 있습니다. 안즈나 모모코, 제니 등 호환성의 폭이 넓습니다!

키 28.0cm
머리둘레 10.8cm
어깨너비 4.1cm
소매길이 8.7cm
밑아래 길이 14.2cm
발 길이 2.3cm

B : 11.7cm
W : 6.7cm
H : 11.9cm

SAHRA
design by die Kleine

BACK　　FRONT

How to make 뷔스티에

1. 위 몸판의 앞과 옆을 재봉해 붙인다.
2. 스판 레이스를 0.8cm 너비 X 3.3cm로 2개 잘라준다.
3. 아래 몸판의 앞중심에 2를 덧대고, 세로로 시접을 접은 앞 덧단을 올려 재봉한다.
4. 위아래 몸판을 재봉하고, 시접을 위로 넘긴다.
5. 위아래 뒤판을 재봉하고, 시접은 위로 넘긴다.
6. 양쪽 옆선을 재봉한다.
7. 바스트 라인 아래에 상침 재봉한다.
8. 안단을 재봉하고, 뒤집어서 겉에서 상침 재봉한다.
9. 옷자락을 접어 상침 재봉한다.
10. 뒤트임 부분의 시접(왼쪽 뒤판의 덧단과 오른쪽 뒤판의 안단)에 매직 테이프를 재봉해 붙인다.
11. 리본으로 매듭을 만들어 달아준다.
12. 비즈로 장식한다.

재료(가로X세로)

뷔스티에
- 면 새틴 평직(30~60수~옮긴이) … 17cm X 12cm
- 스판 레이스 … 1.5cm 너비 X 6.6cm
- 매직테이프(얇은 것) … 0.8cm 너비 X 3cm 1쌍
- 비즈 … 4개
- 리본 … 0.4cm 너비 X 11cm(잘라서 쓴다)

쇼츠
- 니트 원단 … 3.5cm X 8cm
- 스판 레이스 … 1.5cm 너비 X 11cm

How to make 쇼츠

1. 스판 레이스(길이 11cm)를 좌우 0.5cm씩 시접을 주고 재봉해 고리 형태를 만들어둔다.
2. 쇼츠의 허벅지 둘레 시접을 접어 재봉한다.
3. 쇼츠 허리둘레의 시접을 접고, 스판 레이스와 합쳐서 재봉한다.

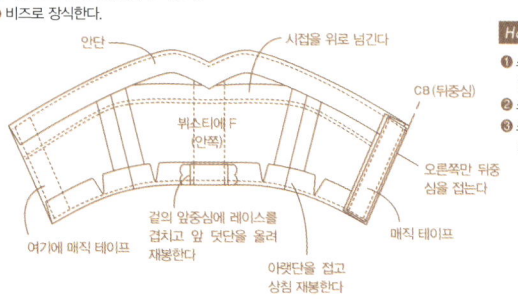
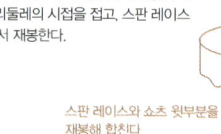

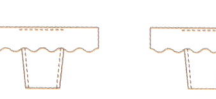
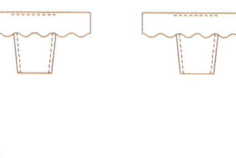

ANNZ

옛 신여성(개화기 시절의 모던 걸)의 분위기를 연출한 패션 인형. 젊은이들 사이에 확산되고 있는 기모노 붐을 이어받고 현대풍으로 재해석한 기모노 스타일이 주류이지만, 발매 1주년이던 2006년 5월 이후에는 고전적인 이미지의 양장 종류도 판매되고 있습니다. 세키구치에서 만든 코코(COCO) 보디를 사용했습니다. 입술이 약간 도톰한 헤드는 오리지널로서 페이스 페인트와 메이크업, 헤어스타일, 모발의 컬러를 옷에 맞춰 바꿀 수 있습니다.

머리둘레 10.6cm
어깨너비 4.1cm
소매길이 9.2cm
키 28.0cm
밑아래 길이 14.0cm
발 길이 2.3cm

B : 12.3cm
W : 7.3cm
H : 11.8cm

Doll data

[인형명] 안즈(杏)
[회사명] 아트워크 Annz PROJECT
[발매시작] 2005년
[주요소재] ABS + PVC
[모델] 코튼 슈가
[참고가격] 12,800엔

코코 보디는 사라의 SAJ와 닮았지만 허리 구조가 달라 좌우 회전만 가능합니다. 기모노를 착용하면 허리띠(오비)를 해야 하는데, 허리의 축이 자유롭게 회전하면 옷이 뒤틀려 귀찮을 수 있기 때문입니다. 기모노에 어울리는 흰 피부입니다.

Annz
design by Sawako ARAKI

BACK   FRONT

재료 (가로X세로)

원피스
- 치리멘(흰색) … 25cm X 20cm
- 치리멘(보라색) … 40cm X 20cm
*치리멘은 바탕이 오글쪼글한 비단-울긴이

볼레로
- 치리멘(흰색) … 20cm X 15cm

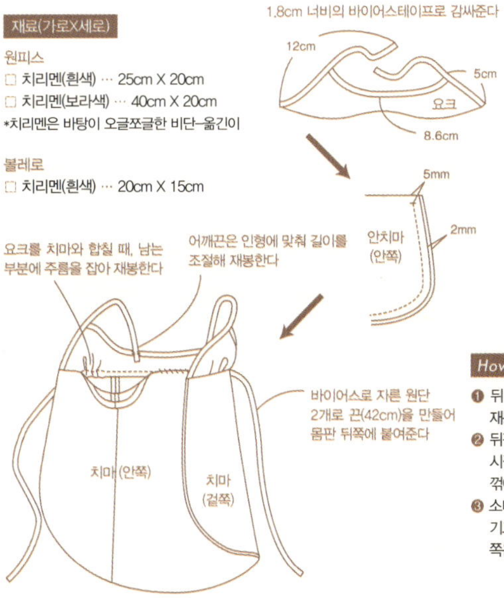

How to make 원피스
1. 앞뒤 치마를 재봉해서 합친다.
2. 겉치마와 안치마를 겉끼리 마주대고, 겉치마만 시접이 1~2mm 밖으로 나오게 해서 허리 부분을 제외하고 재봉해 합친다.
3. 요크를 바이어스로 자른 보라색 원단(1.8cm 너비)으로 감싸준다.
4. 요크와 겉치마를 재봉해 합친다.
5. 요크와 안치마를 재봉해 합친다. 가슴 부분에는 주름을 잡아 재봉한다.
6. 바이어스로 자른 보라색 원단(1.8cm 너비)으로 끈을 만들어 몸판 뒤쪽에 재봉해 붙인다.
7. 어깨끈을 등 쪽에 재봉해 붙인다.

How to make 볼레로
1. 뒤 몸판의 위아래를 5mm 접고, 상침 재봉한다.
2. 뒤판과 소매를 재봉해 합친다. 소매의 시접 5mm를 안쪽으로 접어 다리미로 꺾어주고, 공그르기한다.
3. 소매를 겉끼리 맞대어 소매 입구만 남기고 재봉하고, 겉으로 뒤집는다. (몸판 쪽은 재봉하지 않는다.)

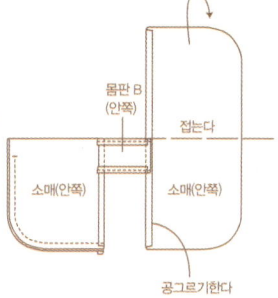

©2008 ANNZ PROJECT.All Rights Reserved.

FRANCIE

런던에서 온 바비의 사촌으로 10대 중반 입니다. 발매 당시 유행하던 미니와 모드 룩(정장 패션)이 어울리도록 날씬한 몸매 와 로우 힐에 대응하는 발을 갖고 있습니 다. 이후에 보디는 제니의 원형이 되었습 니다. 일본에서는 청초한 아가씨라는 이 미지로 처음부터 속눈썹이 심어져 있었 습니다만, 미국에서는 발매 당시 속눈썹 이 없었고 1972년 이후부터는 속눈썹을 심는 대신 페인트가 주류입니다. 1976년 발매 중지된 후에도 식지 않는 인기를 과 시하며 1996~1997년, 2005년에 재발 매 판이 나왔습니다.

Doll data

[인형명] 프랜시
[회사명] 마텔 인터내셔널
[발매시작] 1966년
[주요소재] ABS + PVC
[모델] 스매싱 · 새틴 · 프랜시
[참고가격] 13,800엔

재발매된 어른 모습의 프랜시. 허리는 트위스트 타 입(비스듬한 연결부)이고 다리는 2단의 똑딱 접힘 구조입니다. 프랜시의 매력 포인트인 풍성한 속눈썹 도 건재합니다.

머리둘레 10.3cm
어깨너비 4.5cm
소매길이 8.0cm
키 28.0cm
밑아래 길이 13.4cm
발 길이 2.0cm

B : 11.4cm
W : 7.4cm
H : 11.3cm

How to make 캐미솔
1. 위 몸판의 앞에 턱 주름을 시침질한다.
2. 앞뒤의 위아래 몸판을 겉끼리 마주대어 재봉한다.
3. 앞뒤 몸판의 옆선을 재봉한다.
4. 어깨끈을 만든다(레이스 A 위에 새틴 테이프를 얹 어 상침 재봉으로 고정한다).
5. 어깨끈을 몸판에 시침질한다.
6. 레이스 B를 몸판 가장자리에 상침 재봉해 고정한다.
7. 가슴 장식용 띠를 만든다.
 I : 레이스 C에 새틴 테이프를 그림의 위치까지 통과시킨다.
 II : 1.3cm 너비 테이프에 주름을 잡아 I을 얹고 양끝의 시접 을 접어 시침질한다.
8. 위아래 몸판이 붙은 위치에 7을 얹고 상침 재봉하면 완성.

How to make 벌룬 쇼츠
1. 옆선을 겉끼리 마주대어 재봉한다.
2. 아랫단에 테두리용 레이스 D를 상침 재봉해 고정한다.
3. 레이스 E에 새틴 테이프를 통과시켜, 아랫단 장식용 띠를 만든다.
4. 옷자락에 주름을 잡고, 3을 그림의 위치에 맞추어 상침 재봉으로 고정한다.
5. 앞중심을 겉끼리 마주대고 재봉한다.
6. 허리둘레 시접을 접은 후 고무줄을 이용해 주름(7cm 이상)을 잡는다.
7. 뒤중심을 겉끼리 마주대고 재봉한다.
8. 밑아래를 재봉한다.
9. 장식용 리본을 달면 완성.

레이스 C에 새틴 테이프를 표시된 위치까지 통과시킨다
레이스 A 위에 새틴테이프를 올리고 상침 재봉해 어깨끈을 만든다(몸판에 시침질해둔다)
1.3cm 너비의 테이프에 주름을 잡아 새 틴 테이프를 통과시킨 레이스를 올려 시침질 하고, 몸판에 재봉해 붙인다

위 몸판 B(겉면)
아래 몸판 B (겉면) 아래 몸판 F (안쪽)

가장자리에 레이스 B를 달아준다
허리둘레 시접을 접어 고무줄을 붙여 주름 을 잡아준다(7cm 이상)
(안쪽) (겉면)
아랫단에 레이스 D를 달아준다
장식용 레이스 E에 새틴 테이프를 통과시키고, 주름을 잡아준 아랫단에 재봉한다

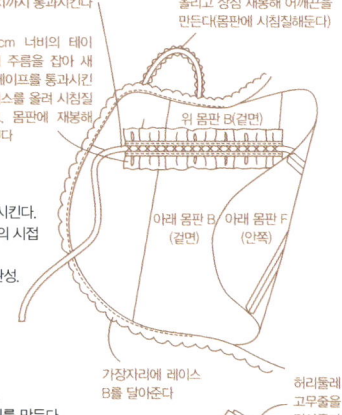

재료 (가로 X 세로)
캐미솔
- 망사 니트 원단 … 18cm X 9cm
- 새틴 테이프 … 0.2cm 너비 X 43cm
- 레이스 A … 0.6cm 너비 X 13cm
- 레이스 B … 1cm 너비 X 46cm
- 레이스 C … 0.5cm 너비 X 13cm
- 테이프 … 1.3cm 너비 X 20cm

벌룬 쇼츠
- 망사 니트 원단 … 11cm X 13cm
- 새틴 테이프 … 0.2cm 너비 X 28cm
- 레이스 D … 1cm 너비 X 20cm
- 레이스 E … 0.5cm 너비 X 17cm
- 고무줄 … 0.5cm 너비 X 8cm

Francie
design by LOVESOUND

BACK   FRONT

©2008 Mattel, Inc., All Rights Reserved.

JENNY

패션에 주안점을 둔, 일본 1/6 인형의 시초. 옛 다카라에서 개발한 일본식 바비가 원형으로, 마텔사와의 계약이 만료됨에 따라 이름이 바뀌어 현재에 이르고 있습니다. 1996년에는 14개의 관절이 움직이는 슈퍼 액션 보디, 2000년에는 와이어가 내장된 부드러운 내추럴 보디가 등장했고 이 시기에 헤드도 조금 작게 변경되었습니다. 고급 사양의 엑셀리나, 페이스 페인트가 변경된 1991년판, 애니메이션 페이스인 엔젤스 가든 시리즈, 설정 연령이나 표정, 크기가 바뀌는 등의 다양한 변화가 있었습니다.

머리둘레 12.0cm
어깨너비 4.3cm
소매길이 7.9cm
키 27.5cm
밑아래 길이 14.0cm
발 길이 2.4cm

B : 11.5cm
W : 6.6cm
H : 11.1cm

▲ 프렌드 인형. 왼쪽부터 로베리아, 치히로, 마린

Doll data

[인형명] 제니
[회사명] 다카라 토미
[발매시작] 1986년
[주요소재] ABS + PVC
[모델] 리카짱 캐슬·컨트리 시리즈 제니
[참고가격] 5,250엔

안타깝게도 요즘은 다카라 토미사에서 신작 발매가 드문 제니. 특정한 아이를 구매하고 싶다면 리카짱 캐슬에서 찾는 편이 좋습니다. 그러나 다수의 친구 인형이나 방대한 헤어스타일을 보면, 예전에 판매했던 것들이 길을 잃어버린 듯한 느낌이…

JENNY design by LOVESOUND

BACK　　FRONT

재료 (가로×세로)

뷔스티에
- 작은 꽃 프린트 원단 … 13cm × 7cm
- 레이스 A … 1.5cm 너비 × 6cm
- 레이스 B … 0.6cm 너비 × 54cm
- 새틴 리본 … 0.2cm 너비 × 1m
- 테이프(장식용 리본) … 0.4cm 너비 × 적당히
- 비즈 … 직경 0.1cm × 10개

쇼츠
- 작은 꽃 프린트 원단 … 16cm × 9cm
- 레이스 … 0.6cm 너비 × 24cm
- 테이프(장식용 리본) … 0.4cm 너비 × 적당히
- 걸고리 … 1쌍

How to make 쇼츠

1. 앞 쇼츠와 뒤 쇼츠에 레이스를 끼워 재봉하고, 시접은 뒤 쇼츠 쪽으로 넘겨 상침 재봉한다.
2. 허벅지 둘레에 레이스를 재봉하고 상침 재봉한다.
3. 안단을 겉끼리 마주대어 재봉하고, 겉으로 뒤집어서 상침 재봉한다.
4. 뒤중심을 트임 끝 위치까지 재봉한다.
5. 밑아래를 재봉한다.
6. 실 고리와 걸고리를 달아준다.
7. 장식용 리본을 달면 완성.

How to make 뷔스티에

1. 앞판 중심에 레이스 A를 상침 재봉해 고정한다.
2. 앞판과 옆판 사이에 레이스 B를 끼워 재봉한다. 시접은 옆판 쪽으로 넘기고 상침 재봉한다.
3. 어깨끈용 레이스 B를 반으로 접어 상침 재봉한다.
4. 앞판 상단에 레이스 B와 3(어깨끈)을 시침질해 둔다.
5. 옆판~아랫단~옆판에 레이스 B를 시침질하고, 시접을 접어 가장자리에 상침 재봉한다.
6. 뒤판에 레이스 B와 어깨끈을 시침질하고, 시접을 접어 가장자리에 상침 재봉한다.
7. 장식용 리본과 비즈를 붙인다.
8. 새틴 리본으로 엮어주면 완성.

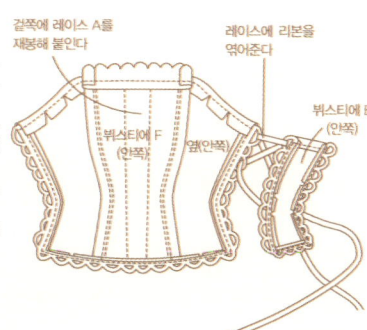
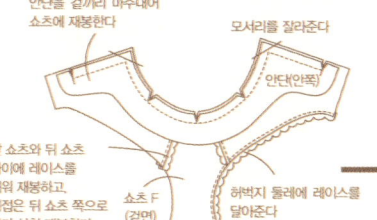
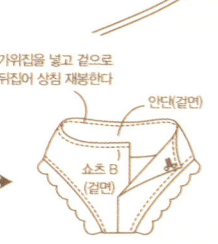

momoko DOLL

도쿄의 오늘을 그대로 반영한 리얼 패션 인형으로 포스트펫(PostPet)의 아트디렉터 마나베 나미에(Manabe Namie)가 고안하고 펫웍스(Petworks)가 발매했습니다. 초기에는 SAJ 보디였지만 2004년 4월부터 COCO 보디를 사용했습니다. 제조 판매가 세키구치로 옮겨간 2005년 4월 이후에는 현실적인 체형의 오리지널 보디로 바뀌었고 헤드도 약간 변경되었습니다. 2007년 가을에는 리얼한 속눈썹과 도장된 관절 부위를 가진 고급 라인과 가격을 내려 가볍게 즐길 수 있는 새로운 라인이 등장했습니다.

Doll data

[인형명] 모모코(momoko DOLL)

[회사명] 세키구치

[발매시작] 2001년

[주요소재] ABS + PVC 헤드

[모델] Wake-up, momoko DOLL WUD001

[참고가격] 4,725엔

새로운 보디는 옷을 입혔을 때의 라인을 생각한 가냘픈 체형으로, 허리를 노출할 수 있도록 가슴 아래에 접합부를 만들었습니다. 팔꿈치의 중심축이 회전되어 손의 각도를 바꿀 수 있게 한 것은 멋진 아이디어! 앉았을 때 무릎이 벌어지지 않는 것도 좋습니다.

머리둘레 10.6cm
어깨너비 4.1cm
소매길이 11.3cm
키 27.0cm
밑아래 길이 8.7cm
발 길이 2.2cm

B : 11.2cm
W : 6.8cm
H : 11.3cm

45-64cm dolls
35-44cm dolls
25-34cm dolls
15-24cm dolls
05-14cm dolls

How to make 베이비 돌

1. 대충 자른 천에 핀턱 주름을 잡고 레이스 A를 달아, 기본 원단을 만든다.
2. 기본 원단에 몸판 패턴을 대고 재단한다.
3. 목둘레를 레이스 B로 감싸고, 상침 재봉한다.
4. 대충 자른 치마 원단에 핀턱 주름을 잡고, 패턴을 대고 재단한다.
5. 아랫단용 프릴 장식의 끝에 레이스 B를 달아준다.
6. 치마에 주름을 잡고 프릴 장식을 달아준다. 시접은 위로 넘기고 상침 재봉한다.
7. 치마의 허리둘레에 주름을 잡아 몸판에 재봉한다. 시접은 위로 넘기고 상침 재봉한다.
8. 몸판 뒤중심의 완성선을 접고 상침 재봉한다.
9. 레이스 A를 반으로 접어 상침 재봉해, 어깨끈(4.5cm 2개)을 달아준다.
10. 취향에 맞춰, 앞가슴 부분과 치맛자락을 레이스로 장식한다.
11. 뒤중심을 트임 끝 위치까지 재봉하고 스냅 단추를 단다. 앞가슴에 리본을 단다.

How to make 보네

1. 브림(챙 부분)에 레이스 A를 달아준다. 뒷단 쪽에서 레이스가 자연스럽게 사라지도록 당겨준다. 시접은 브림 쪽으로 넘기고 상침 재봉한다.
2. 주름을 잡은 브림과 사이드 크라운을 재봉하여 합친다.
3. 레이스 B에 주름을 잡아(양단을 둥글게 재봉해서), 브림 위에 얹어서 재봉한다. (뒷단 쪽 레이스가 자연스럽게 사라지도록 당겨준다) 시접은 사이드크라운 쪽으로 넘기고 상침 재봉한다.
4. 사이드크라운에 사다리 모양 레이스를 얹어 상침 재봉한다. 리본을 통과시키고 다시 상침 재봉한다.
5. 사이드크라운에 주름을 잡고, 탑크라운과 재봉해 합친다. 시접은 탑 쪽으로 넘긴다. 6. 뒷단을 완성선에 맞춰 접고 상침 재봉한다.

재단선 그대로
레이스로 감싼다
몸판(겉면)

허리둘레의 시접은 위로 같이 접고 상침 재봉으로 고정한다

치마 B (안쪽)
뒤중심의 시접은 가른다

레이스B를 그림처럼 재봉해, 주름을 잡아준다

모서리 부분은 자른다

0.5cm
주름 레이스
브림
사이드크라운(겉면)
브림과 사이드크라운을 재봉한다

재료 (가로×세로)

베이비 돌
- 면 론 (아사 면 60수-옮긴이) 32cm × 20cm
- 레이스 A 0.5cm 너비 × 15cm
- 레이스 B 0.8cm 너비 × 50cm
- 리본 0.35cm 너비 적당히
- 장식용 레이스 여러 종류 적당히
- 스냅 단추 직경 0.5cm × 1쌍

보네
- 면 론 22cm × 10cm
- 레이스 A 1.2cm 너비 × 24cm
- 레이스 B 2.5cm 너비 주름 레이스 18cm
- 사다리 모양 레이스 1.2cm 너비 × 15cm
- 리본 0.35cm 너비 × 40cm

드로어즈 ※제작 방법은 옆 페이지에
- 면 론 22cm × 10cm
- 레이스 0.8cm 너비 × 45cm
- 부드러운 고무줄 테이프 0.3cm 너비 적당히
- 리본 0.35cm 너비 적당히

삭스
- 스판 망사 12cm × 15cm
- 스판 레이스 0.9cm 너비 × 10cm

리본
- 와이어가 들어간 리본 1.5cm 너비 × 27cm
- U 핀 1개

momoko DOLL
design by Daisy-D

BACK   FRONT

SIDE

momoko™ ©PetWORKS Co.,Ltd. Produced by Sekiguchi Co.,Ltd. www.momokodoll.com

LIVING DEAD DOLLS

에드 롱(Ed Long)이 데이미언 글로넥(Damien Glonek)과 협력하여 발매한 커스터마이즈 인형을 바탕으로, 공포물 팬에게 인기 있는 좀비를 모티브로 한 시리즈입니다. 일반적으로 관 모양 상자에 들어 있으며, 사망증명서가 붙어 있는 상태로 판매됩니다. 한 시리즈에 몇 개의 인형이 발매되는데, 현재 15시리즈에 돌입한 상태입니다. 4인치(약 10cm) 크기의 미니, 아기 타입의 돌리스, 옷을 갈아입히기 쉬운 보디의 패션 빅팀스(Fashion Victims) 등 많은 버전이 있습니다.

머리둘레 17.7cm
어깨너비 5.5cm
소매길이 7.3cm
키 27.0cm
밑아래 길이 10.1cm
B : 12.4cm
W : 10.7cm
H : 14.9cm
발 길이 3.6cm

Doll data

[인형명] 리빙데드돌즈(LDD)
[회사명] 메즈코 토이즈
[발매시작] 2000년
[주요소재] PVC

[모델] 주빌리(JUBILEE)
[참고가격] 4,200엔

예쁘다, 귀엽다란 말을 하긴 좀 그렇지만 왠지 사랑스러운 리빙 데드 돌(LDD). 불가사의한 매력이 있습니다. 볼 조인트(ball joint)를 현실화한 관절 덕분에 자연스러운 자세를 취할 수 있습니다. 이염이 쉬운 소프트 비닐 소재로 만들어져, 의상 제작 시 소재를 고민할 필요가 있습니다.

LIVING DEAD DOLLS
design by Daisy-D

BACK   FRONT

재료(가로×세로)

올인원
- 면 론(아사 면 60수 -올긴이) ··· 40cm × 20cm
- 앞 덧단 프릴용 얇은 아사 면 ··· 2cm × 15cm
- 면 레이스 원단 ··· 여러 종류로 적당히
- 레이스 A ··· 0.8cm 너비 × 25cm
- 레이스 B ··· 0.8cm 너비 × 15cm
- 레이스 C ··· 1.2cm 너비 × 30cm
- 앞 몸판 장식용 레이스 ··· 여러 종류로 적당히
- 면 끈(어깨끈용) ··· 0.3cm 너비 × 14cm
- 리본 ··· 0.35cm 너비 × 적당히
- 부드러운 고무줄 테이프 ··· 0.3cm 너비 × 적당히
- 단추 : 직경 0.5cm × 4개
- 스냅 단추 : 직경 0.5cm × 2쌍

리본
- 와이어가 들어간 리본 ··· 2.5cm 너비 × 27cm
- U 핀 ··· 1개

How to make 올인원
1. 겉감과 안감의 다트를 각각 재봉한다.
2. 겉감 목둘레에 주름을 잡은 레이스 A를 시침질한다.
3. 어깨끈을 끼운 상태에서, 겉감과 안감을 겉끼리 마주대고 재봉한다.
4. 시접에 가위집을 넣고, 겉으로 뒤집어 형태를 정리한다.
5. 여러 종류의 면 레이스 원단을 패치워크해서 바지용 원단을 만들고, 패턴을 대고 재단한다.
6. 바지 아랫단에 레이스 C를 달아준다.
7. 바지 앞중심을 재봉하고 시접을 가른다.
8. 바지 허리둘레에 주름을 잡고 몸판과 재봉해 합친다. 시접은 위로 넘기고 상침 재봉한다.
9. 뒤판의 트임을 완성선에 맞춰 접고 상침 재봉한다.
10. 바지 아랫단에 고무줄을 단다(완성된 둘레가 8cm가 되도록).
11. 앞 장식용 덧단을 완성선에 맞춰 접는다. 주름을 잡은 프릴, 레이스 B, 앞 장식용 덧단의 순서로 앞중심에 놓고 시침질한 후에 상침 재봉한다.
12. 바지 뒤중심을 트임 끝 위치까지 재봉한다.
13. 밑아래를 재봉하고 시접을 가른다.
14. 리본, 단추, 스냅 단추를 달아준다.

How to make 리본
1. 리본 B의 단을 2.5mm씩 2번 접어 상침 재봉한다. (옆의 그림 참조)
2. 리본 B, 리본 A, U 핀을 모아서 손바느질한 고정한 다음, 리본 C로 감싸서 공그르기한다.
3. 형태를 정리해준다.

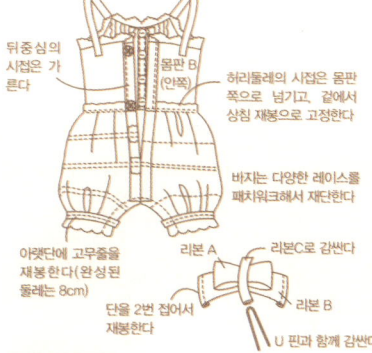

뒤중심의 시접은 가른다
허리둘레의 시접은 몸판 쪽으로 넘기고, 겉에서 상침 재봉으로 고정한다
몸판 B (안쪽)
바지는 다양한 레이스를 패치워크해서 재단한다
아랫단에 고무줄을 재봉한다 (완성된 둘레는 8cm)
리본 A
리본 C로 감싼다
단을 2번 접어서 재봉한다
리본 B
U 핀과 함께 감싼다

How to make 드로어즈 (84쪽의 드로어즈 제작 방법)
1. 아랫단에 레이스를 2단 달아준다.
2. 앞중심을 재봉해서 합친다. 가위집을 주고 시접을 가른다.
3. 아랫단에 고무줄을 당기면서 달아준다(완성 둘레 6.5cm).
4. 허리둘레를 완성선에 맞춰 접고 고무줄을 끼워 상침 재봉한다. 고무줄은 8cm가 되도록 줄여준다.
5. 뒤중심을 재봉하고 시접을 가른다.
6. 밑아래를 재봉하고 시접을 가른다.
7. 장식 리본을 달아준다.

UNOA QULUTS LICHT

연금술공방의 아라키 겐타로 씨가 만든 오리지널 인형의 27cm 버전. 남자 아즈 라이트와 여자 후로라이트의 2종류입니다. 유노아 크로스는 주조 방식으로 만들어지므로 미조립이 기본입니다. 사이즈가 작아 조립이 어렵다는 문제점도 있었지만, 2007년 9월 PVC 보다에 소프트 비닐 재질의 완성품이 세키구치에서 등장했습니다. 손과 발 교체용 부품이 들어있으며, 세키구치판은 머리카락은 식모, 눈은 인형 안구가 아닌 페인트입니다.

머리둘레 10.5cm
소매길이 7.3cm
어깨너비 3.9cm
키 27.0cm
밑아래 길이 14.8cm
발 길이 2.8cm

B : 10.5cm
W : 6.8cm
H : 11.0cm

Doll data

- [인형명] 유노아 크로스 라이트
- [회사명] 세키구치
- [발매시작] 2007년
- [주요소재] ABS + PVC
- [모델] 후로라이트
- [참고가격] 12,600엔

1/6 인형이 이렇게까지 가동되고, 관절이 채색된 데다 이 가격에 발매되다니! 거기다 보디를 만져본 사람 대부분이 격탄한 혁명적인 인형입니다. 교체 가능한 손목, 발목 부품이 들어 있으며, 신발을 신길 수 있는 작은 발의 사이즈는 2.0cm입니다.

How to make 원피스

1. 겉감 몸판의 다트를 재봉하고, 리본을 통과시킨 토션 레이스 등의 장식을 재봉해놓는다. 치마용 프릴 원단에 레이스를 달고 주름을 잡아둔다.
2. 겉감의 앞뒤 몸판 어깨를 겉끼리 마주대고 재봉해서 시접은 가른다. 안감도 똑같은 방법으로 한다. 안감은 옆선도 재봉하고 시접을 가른다.
3. 겉감 몸판의 진동둘레에 1.5cm 너비의 레이스를 겉끼리 마주대어 재봉한다. 시접을 안쪽으로 접고 겉에서 상침 재봉으로 고정한다. (깔끔하게 접히지 않으면 가위집을 넣는다.) 이어서 옆선을 재봉한다.
4. 치마의 핀턱 주름을 재봉하고 아랫단에 주름 잡은 프릴을 붙인다. 치마의 허리둘레에 듬성듬성하게 직선 재봉을 해서 주름을 잡아준다.
5. 치마의 뒤중심을 트임 끝 위치까지 재봉하고 시접을 가른다. 겉감 몸판과 치마를 겉끼리 마주대어 재봉해 합친다. 시접은 위로 넘기고 겉에서 상침 재봉으로 고정한다.
6. 몸판의 겉감과 안감을 겉끼리 마주대어 뒤중심~목둘레~뒤중심을 쭉 재봉한다. 목둘레에 가위집을 넣고 뒤집어서 다리미로 정리한다.
7. 안감의 허리둘레와 진동둘레를 안쪽으로 접어 끼워넣고, 공그르기로 마감한다. 뒤에 리본을 통과시킬 구멍을 뚫고 올풀림 방지액을 바른다. 리본을 느슨하게 엮어주면 완성.

리본을 엮어줄 구멍을 뚫고 올풀림 방지액을 발라준다.

안감의 허리둘레와 진동둘레를 공그르기로 마감한다

치마 B (안쪽)

앞에 리본을 단다

허리둘레와 허벅지둘레의 시접을 안으로 접어 상침 재봉한다

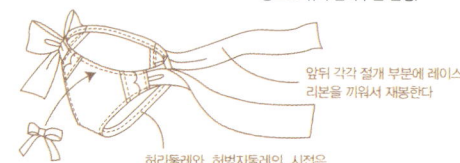

재료 (가로X세로)

원피스 & 쇼츠
- ☐ 면 론 (아사 면 60수 - 옮긴이) ... 40cm X 20cm
- ☐ 리버 레이스 ... 1.5cm 너비 X 20cm
- ☐ 토션 레이스 ... 0.4cm 너비 X 40cm
- ☐ 사다리 모양 레이스·리버 레이스 (장식용) ... 적당히
- ☐ 자수용 실크 리본 ... 적당히
- ☐ 스판 망사 ... 적당히
- ☐ 레이스 리본 ... 적당히

How to make 쇼츠

1. 앞뒤 각각의 절개 부분에 레이스 리본을 끼우고 겉끼리 맞대 재봉한다. 허리둘레와 허벅지둘레는 안쪽으로 접어서 재봉한다.
2. 옆선을 재봉하고, 리본을 나비 모양으로 묶어 달아주면 완성.

UNOA QULUTS light
design by Little Princess

BACK   FRONT

앞뒤 각각 절개 부분에 레이스 리본을 끼워서 재봉한다

©Gentaro ARAK ©SEKIGUCHI

WHO'S THAT GIRL?

좋아하는 인형을 선택해서 메이크업이나 헤어를 어레인지하고, '메종'이라 불리는 오리지널 브랜드에서 옷과 소품을 선택하여 쉽게 커스터마이즈를 즐길 수 있는 27cm 인형. 활동적인 이미지에 내추럴한 피부의 카나, 부드러운 이미지에 창백한 피부의 마미가 있으며, 각각 6종류의 헤어스타일을 갖고 있습니다. 날씬한 보디는 같은 회사에서 만든 EB-Beauty S 타입과 동일합니다. 스탠더드 인형은 커스터마이즈가 쉬운 심플한 외모와 긴 머리가 특징입니다.

머리둘레 8.9cm
어깨너비 4.1cm
소매길이 8.1cm
키 27.0cm
밑아래 길이 14.6cm
발 길이 2.2cm

B : 11.1cm
W : 6.8cm
H : 10.9cm

Doll data

[인형명] 후즈 댓 걸
[회사명] 보크스
[발매시작] 2003년
[주요소재] ABS + PVC

[모델] 마미 #06
[참고가격] 6,090엔

패션 인형으로 제작되었기 때문에 다른 보크스 인형보다 보디가 날씬합니다. 옷을 여러 벌 껴입어도 라인이 무너지지 않습니다. 하지만 그 덕분에 옷을 너무 많이 사게 되는 것이 단점이라면 단점. 모델은 마미와 카나의 2가지 타입.

Who's that Girl?
design by Sawako ARAKI

BACK FRONT

재료(가로X세로)

원피스
- 얇은 면 원단 · · · 35cm X 20cm
- 접착심지 · · · 15cm X 7cm
- 진주 비즈 · · · 직경 0.3cm X 1개

레깅스
- 니트 원단 · · · 20cm X 15cm(80데니어 정도가 적당)
- 니트 레이스(아랫단용) · · · 2.5cm 너비 X 12cm

How to make 원피스
1. 몸판 상단과 허리 부분에 주름을 잡아준다.
2. 허리둘레에 허리띠를 재봉해 붙인다.
3. 요크 2장(겉과 안) 모두에 접착심지를 붙이고, 한쪽의 아랫단만 5mm 접어 올린 상태에서 재봉해 합친다.
4. 몸판 뒤중심을 5mm 안쪽으로 접고, 겉 요크를 재봉해 붙인다.
5. 요크를 겉으로 뒤집어 몸판에 공그르기한다.
6. 뒤중심을 겉끼리 마주대고 트임 끝 위치까지 재봉한다.
7. 어깨끈용 천을 겉끼리 마주대어 재봉해 겉으로 뒤집고, 턱 주름을 잡아서 몸판에 재봉해 붙인다.
8. 리본을 만들어 몸판에 달아준다.
9. 뒤중심의 트임 부분에 실 고리와 비즈를 단다.
10. 완성된 원피스에 분무기로 물을 살짝 뿌리고, 몸판 부분을 손으로 꽉 쥐어 자연스러운 주름을 만든 후 건조시킨다.

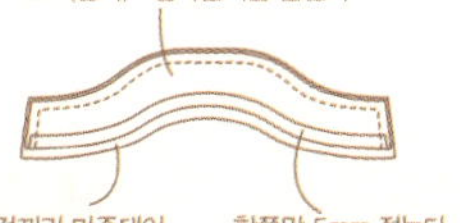

How to make 레깅스
1. 옷자락에 니트 레이스를 달아준다.
2. 다트를 재봉한다.
3. 앞판 밑위를 겉끼리 마주대어 재봉한다.
4. 허리둘레를 5mm 안쪽으로 접어 상침 재봉한다.
5. 뒤판 밑위를 겉끼리 마주대어 재봉한다.
6. 밑아래를 재봉하고 겉으로 뒤집는다.

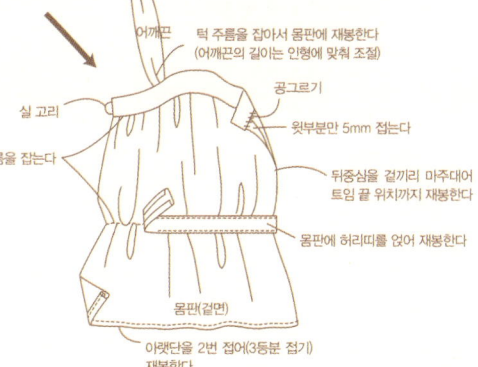

요크(안쪽)※접착심지를 붙인다
몸판과 겉끼리 마주대어 재봉해 붙인다
한쪽만 5mm 접는다
어깨끈
턱 주름을 잡아서 몸판에 재봉한다 (어깨끈의 길이는 인형에 맞춰 조절)
공그르기
실 고리
주름을 잡는다
윗부분만 5mm 접는다
뒤중심을 겉끼리 마주대어 트임 끝 위치까지 재봉한다
몸판에 허리띠를 얹어 재봉한다
몸판(겉면)
아랫단을 2번 접어(3등분 접기) 재봉한다

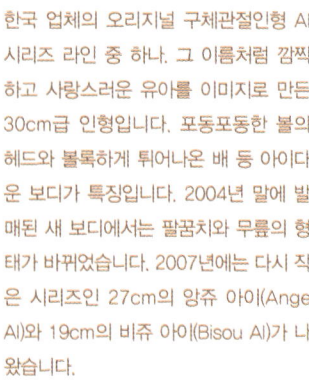

한국 업체의 오리지널 구체관절인형 AI 시리즈 라인 중 하나. 그 이름처럼 깜찍하고 사랑스러운 유아를 이미지로 만든 30cm급 인형입니다. 포동포동한 볼의 헤드와 볼록하게 튀어나온 배 등 아이다운 보디가 특징입니다. 2004년 말에 발매된 새 보디에서는 팔꿈치와 무릎의 형태가 바뀌었습니다. 2007년에는 다시 작은 시리즈인 27cm의 앙쥬 아이(Ange AI)와 19cm의 비쥬 아이(Bisou AI)가 나왔습니다.

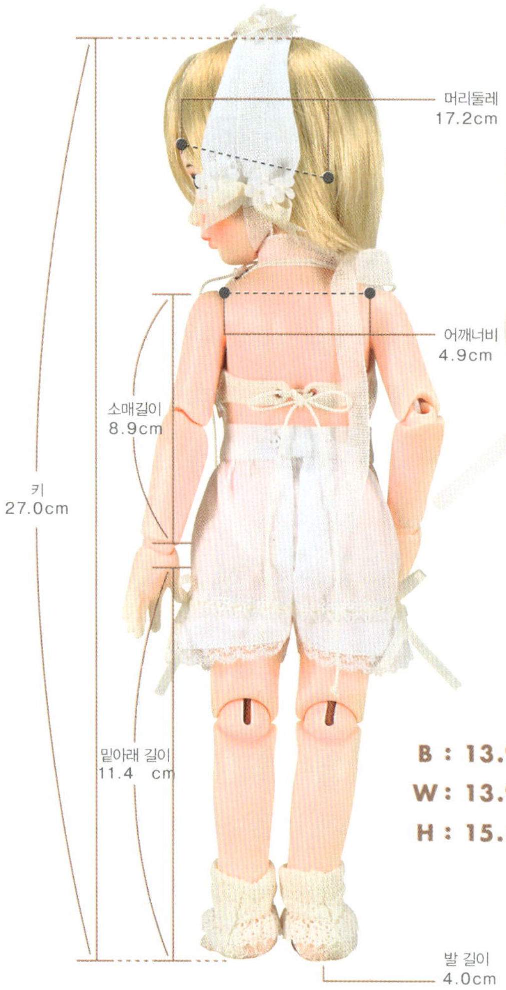

Doll data

[인형명] 쁘띠 아이
[회사명] 커스텀하우스
[발매시작] 2004년
[주요소재] 레진캐스트

[모델] 가브리엘
[참고가격] 50,000엔

'B(바스트) = W(허리) < H(엉덩이)'로 서양 배 형태의 몸매가 매력적인 쁘띠 아이. 이른바 유아 체형 인형을 선도하고 있으며 2005년 본지 6호에서 가브리엘, 사리엘 한정판을 판매했습니다. AI와 마찬가지로 레진캐스트입니다.

머리둘레 17.2cm
어깨너비 4.9cm
소매길이 8.9cm
키 27.0cm
밑아래 길이 11.4 cm
발 길이 4.0cm

B : 13.9cm
W : 13.9cm
H : 15.8cm

How to make 코르셋
① 겉감의 앞판, 옆판, 뒤판을 겉끼리 마주대어 재봉한다. 시접을 가르고 상침 재봉한다. (앞과 옆 사이에 레이스를 끼워준다.)
② 겉 앞판과 겉 요크를 겉끼리 마주대어 재봉한다. 시접을 가르고 상침 재봉한다.
③ 겉 몸판과 요크의 이음매에 주름을 잡은 레이스를 재봉해 붙인다.
④ 안 몸판과 안 요크를 겉끼리 마주대어 재봉한다.
⑤ 겉과 안 몸판을 겉끼리 맞대 재봉한다. 창구멍을 남기고 가장자리를 재봉한 후 겉으로 뒤집는다.
⑥ 창구멍을 막고, 아랫단에 레이스를 달아준다.
⑦ 요크와 뒤 몸판에 아일릿을 달고, 둥근 끈을 통과시킨다.
⑧ 조화나 리본으로 장식한다.

How to make 드로어즈
① 아랫단과 아랫단의 안단 사이에 레이스를 끼우고 겉끼리 맞대 재봉한다. 겉에서 상침 재봉한다.
② 아랫단 끝에서 1.7cm 위치에 레이스를 재봉해 리본을 통과시킨다.
③ 뒤중심의 트임 부분에 덧단과 안단을 재봉한다.
④ 앞 밑위를 겉끼리 마주대어 재봉하고, 허리둘레에 주름을 잡는다.
⑤ 허리띠 원단을 겉끼리 마주대어 접고, 양끝을 재봉한 후 겉으로 뒤집는다.
⑥ 허리띠와 드로어즈를 재봉해 합치고 안쪽을 공그르기한다.
⑦ 뒤 밑위를 겉끼리 마주대어 재봉한 후, 밑아래를 재봉한다.
⑧ 스냅 단추, 실 고리를 달아준다.

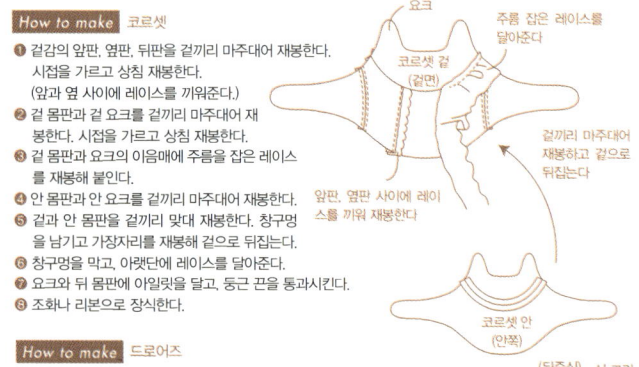

재료(가로X세로)
코르셋
- 그로그랭 원단(면 가로 골직 원단—옮긴이) … 26cm X 13cm
- 안감 … 20cm X 13cm
- 리버 레이스 … 1.5cm 너비 X 18cm, 0.8cm 너비 X 18cm
- 토션 레이스 … 0.5cm 너비 X 15cm
- 둥근 끈 … 110cm
- 자수 리본 … 0.8cm 너비 X 12cm
- 조화 … 적당히
- 아일릿 … 직경 0.15cm 너비 X 6개

드로어즈
- 면 론(아사 면 60수 원단—옮긴이) … 36cm X 20cm
- 토션 레이스 … 0.8cm 너비 X 40cm
- 리버 레이스 … 0.8cm 너비 X 50cm
- 자수 리본 … 0.4cm 너비 X 60cm
- 스냅 단추 … 1쌍
- 단추 … 직경 0.4cm X 2개

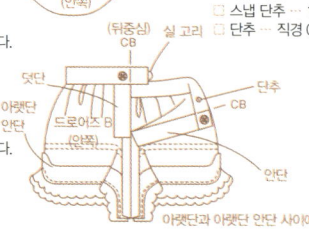

Petite AI
design by Honey Meryl

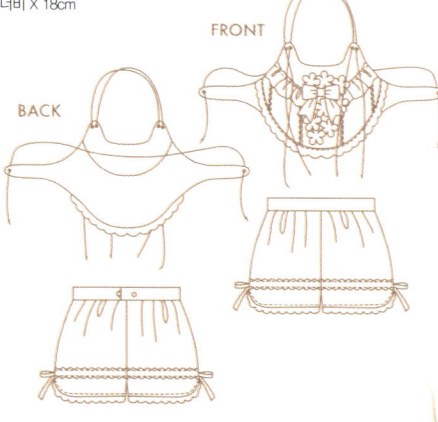

FRONT
BACK

SUPER DOLLFIE

약 4등신의 귀여운 유아 체형 시리즈. 키 26cm에 슈퍼 돌피의 작은 사이즈라, 손 안에 쏙 들어옵니다. 보디는 여자아이, 남자아이, 어린 천사의 3가지 타입. 어린 천사의 보디는 다른 시리즈의 일부 헤드와 마찬가지로 자석을 삽입한 슈핏 기능(헤드 안쪽에 강력 자석을 삽입해 둘로 분리된 헤드를 합체하는 기능-옮긴이)이 있으며, 날개의 착탈이 가능합니다. 몸체는 이분할 타입의 가동성 보디이며, 현재까지 출시된 것은 모두 한정 모델입니다.

머리둘레 17.2cm
어깨너비 4.4cm
소매길이 8.1cm
키 27.0cm
밑아래 길이 11.2cm
발 길이 3.9cm

B : 13.3cm
W : 11.9cm
H : 14.8cm

Doll data

[인형명] 유(幼) 슈퍼 돌피(USD)
[회사명] 보크스
[발매시작] 2005년
[주요소재] 레진캐스트

[모델] 어린 천사 유키
[참고가격] 39,900엔
[제작] Saifa

사진의 모델은 어린 천사 유키입니다. 엄밀히 따지면 어린 SD와는 보디가 다르지만, 크기 등은 거의 같습니다. 덧붙여서 어린 천사 보디에 장착된 천사의 날개 모양은 3가지 타입으로(계절마다 색깔 상이) 발매되고 있습니다.

Yo Super Dollfie
design by Sawako ARAKI

BACK   FRONT

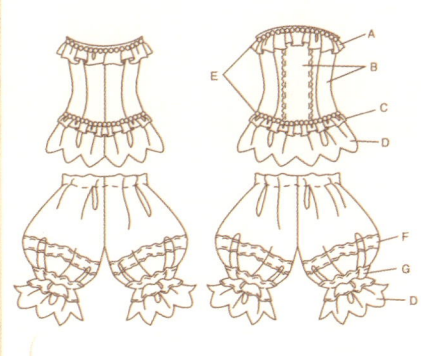

재료 (가로X세로)

뷔스티에 ※뷔스티에의 제작 설명은(몸판 부분은) MSD와 공통
- 얇은 면 원단(60수 이상-옮긴이) … 70cm X 10cm
- 레이스 … A 1cm 너비 X 20cm / 주름 토션
  B 2.7cm 너비 정도 X 25cm / 몸판 부분
  C 1.5cm 너비 X 20cm / 주름 토션
  D 3.5cm 너비 X 20cm / 주름 레이스
  E 0.8cm 너비 X 40cm / 모티브 레이스
- 스냅 단추 … 3쌍

팬츠
- 얇은 면 원단 … 60cm X 20cm
- 레이스 … F 1.3cm 너비 X 100cm
  G 2.3cm 너비 X 110cm / 사다리 모양 레이스
  D 3.5cm 너비 X 110cm / 주름 레이스 (아랫단용)
- 고무줄 … 적당히

How to make 뷔스티에

1. 겉 뷔스티에의 앞판에 레이스를 재봉하고, 남는 부분을 잘라준다.
2. 겉 뷔스티에의 앞판 옆 패널에 레이스를 겹쳐 시침질하고, 남는 부분을 잘라준다.
3. 겉과 안 뷔스티에의 패널들을 각각 재봉해 합친다.
4. 겉과 안 뷔스티에를 겉끼리 마주대어, 아랫단에 레이스를 끼워 창구멍을 남기고 재봉한다. 겉으로 뒤집어 창구멍을 막아준다.
5. 뷔스티에의 아랫단과 상단에 토션 레이스와 모티브 레이스를 재봉해 붙인다.
6. 뒤중심에 스냅 단추를 단다.

How to make 팬츠

1. 좌우 옆선을 각각 재봉한다.
2. 아랫단에 주름 레이스를 재봉해 붙이고, 아랫단과 레이스 이음매에 사다리 모양 레이스를 달아준다. 팬츠 부분에는, 다리미로 커브 모양을 잡은 레이스를 달아준다.
3. 밑위를 재봉한다.
4. 밑아래를 재봉한다.
5. 허리띠 원단을 겉끼리 마주대고, 고무줄이 통과할 입구를 남기고 재봉한다.
6. 허리띠와 팬츠를 겉끼리 마주대고, 허리선에 맞춰 빙 둘러 재봉한다.
7. 띠를 반으로 접어서 허리 라인을 재봉해 마감한다.
8. 허리에 고무줄을 통과시키고 입구를 공그르기로 막는다.
9. 아랫단의 사다리 모양 레이스에 고무줄을 통과시킨다.

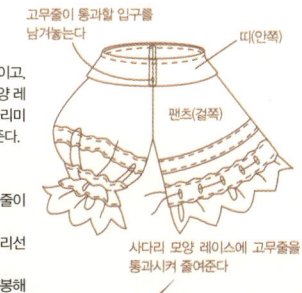

'푸리프에 지지 않는다!'라며 등장한 푸리프의 남자친구 태양의 쎈 여동생. 소녀다운 사랑스러움 덕분에 다른 캐릭터와의 콜라보에 자주 사용되고 있습니다. 푸리프와 마찬가지로 큰 사이즈로 변형된 헤드에 하이라이트 등이 직접 프린트된 인형 안구를 사용했습니다. 헤드 뒤의 레버를 조작하면 눈동자가 좌우로 움직이고 시선이 바뀌는 특수 장치는 동일하지만, 눈꺼풀이 고정되어 있어 떴다 감았다 할 수는 없습니다.

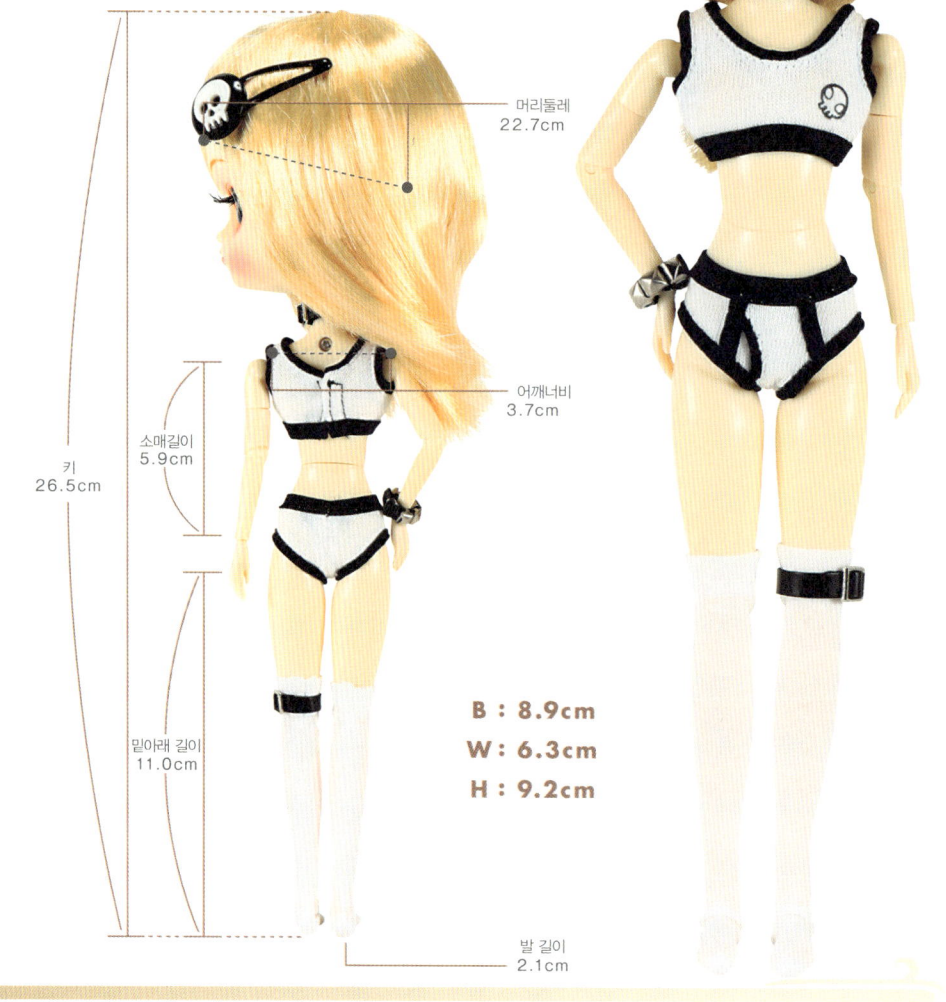

Doll data

[인형명] 달
[회사명] 준 플레잉
[발매시작] 2006년
[주요소재] ABS
[모델] 훌랄라
[참고가격] 8,400엔(~13,650엔)

브라이스, 푸리프, 브랏츠, 마이씬 바비 등 30cm 급의 헤드가 큰 인형이 속속 등장했지만, 한 단계 작은 사이즈를 가진 것은 이 아이뿐입니다. 보디 자체가 상당히 작기 때문에 의상 제작의 난이도는 높습니다.

머리둘레 22.7cm
어깨너비 3.7cm
소매길이 5.9cm
키 26.5cm
밑아래 길이 11.0cm
발 길이 2.1cm

B : 8.9cm
W : 6.3cm
H : 9.2cm

How to make 스컬 톱

1. 진동둘레에 테두리용 원단을 겉끼리 마주대어 재봉한다.
2. 테두리 원단을 시접을 감싸서, 눌러가며 재봉한다.
3. 목둘레도 같은 방법으로 처리한다.
4. 옆선을 재봉하고 시접을 가른다.
5. 아랫단에 고무줄(7cm)을 겹치고, 당겨가면서 재봉해 붙인다.
6. 뒤중심을 완성선에 맞춰 접고 매직테이프를 붙인다. 아래쪽 매직테이프가 덧단이 되도록 붙인다.
7. 좋아하는 프린트나 아플리케로 장식한다.

How to make 브리프

1. 왼쪽 팬츠의 앞단과 테두리 원단을 겉끼리 맞대 재봉한다.
2. 시접을 가르고, 테두리 원단으로 시접을 감싸서 눌러가며 재봉한다.
3. 라인 원단을 2번 접어(3등분 접기) 본드로 고정한다.
4. 앞중심에 맞춰 좌우 팬츠를 겹치고, 라인 원단을 재봉해 붙인다.
5. 허벅지 둘레에 테두리 원단을 겉끼리 마주대어 재봉한다.
6. 테두리 원단으로 허벅지 둘레의 시접을 감싸고 눌러가며 재봉한다.
7. 허리둘레에 고무줄(7cm)을 겹쳐서 당겨가며 재봉해 붙인다.
8. 뒤중심을 재봉하고 시접을 가른다.
9. 밑아래를 재봉하고 시접을 가른다.

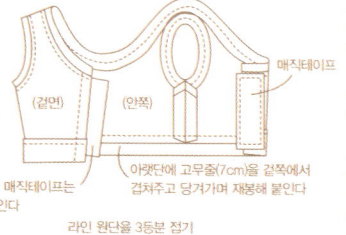

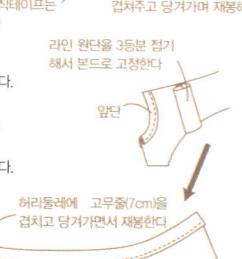

재료(가로X세로)

스컬 톱
- 흰색 메리야스 원단 — 10cm X 10cm
- 검은색 메리야스 원단 — 12cm X 5cm
- 고무줄 — 6골 고무줄 X 9cm
- 얇은 매직테이프 — 0.7cm 너비 X 1.5cm
- 다림질 프린트(다림질로 부착되는 전사지·울림이) 등

브리프
- 흰색 메리야스 원단 — 10cm X 15cm
- 검은색 메리야스 원단 — 10cm X 4cm
- 고무줄 — 6골 고무줄 X 9cm
- 얇은 매직테이프 — 0.7cm 너비 X 1.5cm

오버 니 삭스
- 스판 크레이프 원단 — 15cm X 13cm

How to make 오버 니 삭스

1. 입구 부분을 접어 재봉한다.
2. 뒤중심을 재봉한다. 발뒤꿈치 부분에 트임을 주고 겉으로 뒤집는다.

DAL
design by momolita

BACK FRONT

PURENEEMO

관절을 이용해 움직인다는 발상에서 벗어나, 부품의 조합으로 다양한 자세를 잡을 수 있도록 만든 여성 보디입니다. 발매 당시에는 소프트 비닐 소재였으나, 2006년 말에 조작하기 쉬운 PVC로 만든 '퓨어니모 어드밴스'가 발매되었습니다. 서기, 앉기, 걸터앉기, 무릎 꿇고 앉기의 4가지 타입 기본 보디와 각종 부품이 있습니다. 기억하시겠지만 얼굴 디자인을 손으로 직접 하는 오리지널 '엑스 큐트' 시리즈 외에, 캐릭터 인형에도 사용되고 있습니다.

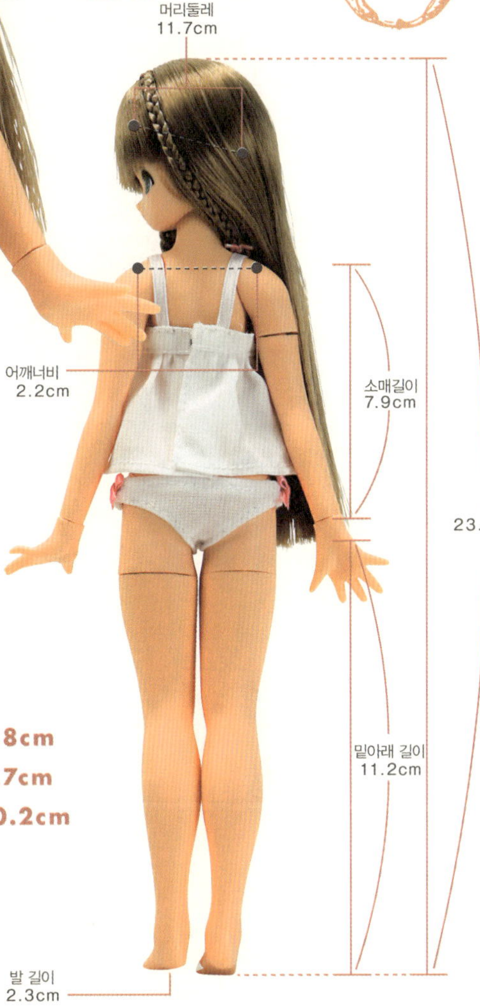

▼▼어드밴스 보디는 바닥에 앉아 무릎을 세우고 양팔로 감싸 앉기, 걸터앉기, 무릎 꿇기, 서 있기의 4가지 종류

머리둘레 11.7cm
어깨너비 2.2cm
소매길이 7.9cm
키 23.5cm
밑아래 길이 11.2cm
발 길이 2.3cm

B : 8.8cm
W : 6.7cm
H : 10.2cm

Doll data

[인형명] 퓨어니모
[회사명] 아존 인터내셔널
[발매시작] 2005년
[주요소재] PVC
[모델] 치이카 4th Romantic Girly!
[참고가격] 10,500엔

부품을 교체하는 것으로 다양한 포즈를 즐기는 피규어적 감각이 특징. 몸매가 통통한 편이라 어린 이미지입니다. 착탈할 때는 간단히 팔다리를 뽑아버리면 되지만, 패션 인형에 익숙한 분은 거부감이 있을지도...

Pureneemo
design by die Kleine

BACK   FRONT

재료(가로×세로)

슬립
- 크레이프 원단 … 17cm × 11cm
- 접착심지 … 1cm × 4.2cm
- 리본 … 0.4cm 너비 × 10cm(어깨끈용)
- 리본 … 0.25cm 너비 × 7.5cm(원하는 길이로 잘라서)
- 스냅 단추 … 0.5cm × 2쌍

쇼츠
- 니트 원단 … 6cm × 7cm
- 리본 … 0.25cm 너비 × 15cm(원하는 길이로 잘라서)

How to make 슬립
1. 몸판의 앞과 옆 부분을 재봉한다.
2. 옆선에 맞춰 1과 뒤판을 재봉한다.
3. 몸판 상단을 빙 둘러 시접 접고 상침 재봉한다.
4. 치마의 양쪽 옆선을 재봉하고 주름을 잡아준다.
5. 몸판과 치마를 연결하고 시접은 위로 넘긴다.
6. 5의 왼쪽 뒤 시접에 접착심지를 붙인다.
7. 바스트 아래쪽을 상침 재봉한다.
8. 옷자락의 시접을 접어서 상침 재봉한다.
9. 오른쪽 뒤 시접의 뒤중심을 접고 상침 재봉한다.
10. 0.4cm 너비의 리본으로 5cm(양끝의 시접 부분 각 0.5cm씩 포함)의 어깨끈 2개를 만들어 달아준다.
11. 스냅 단추를 단다.
12. 0.25cm 너비의 리본으로 매듭을 만들어 앞에 달아준다.

How to make 쇼츠
1. 허벅지 둘레의 시접을 접어서 재봉한다.
2. 오른쪽 옆선을 재봉한다.
3. 허리둘레를 빙 둘러 시접 접고 재봉한다.
4. 왼쪽 옆선을 재봉한다.
5. 리본으로 매듭을 만들어 양옆에 달아준다.

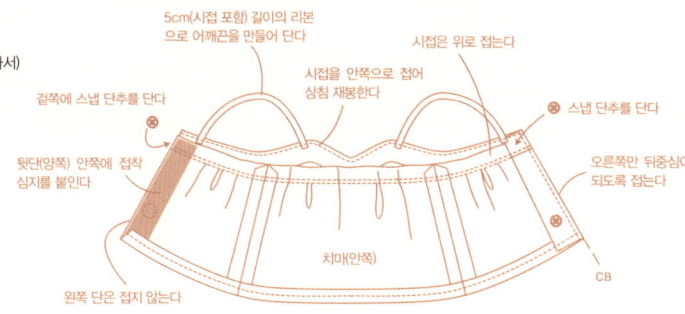

바비의 많은 남동생과 여동생 중에서 최초로 발매된, 제일 큰 여동생. 발매 당시에는 초등학생이라고 했지만, 아래로 동생이 생길 때마다 서서히 성장하여 1997년에는 16세의 고등학생이 되었습니다. 설정 연령이 올라갈 때마다 모든 모델이 바뀌었습니다. 눈동자는 푸른색이 기본이고, 초기의 모발은 금발이 기본입니다. 2003년에 40년 역사를 마감했습니다만, 그 헤드와 보디는 바비의 '패션 피버(Fashion Fever)'와 같은 라인에서 지금도 사용되고 있습니다. 2007년에는 바비와 함께 재발매판이 나왔습니다.

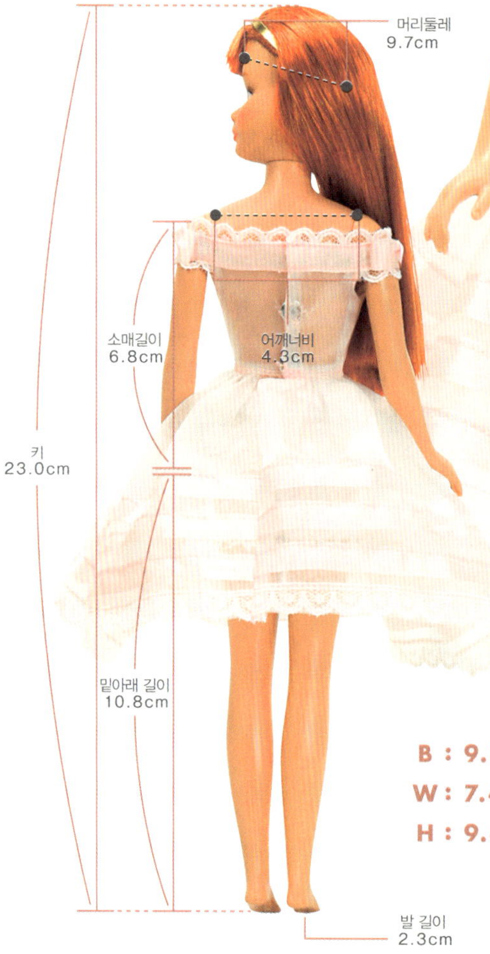

Doll data

[인형명] 스키퍼

[회사명] 마텔 인터내셔널

[발매시작] 1964년

[주요소재] ABS + PVC

[모델] 니팅 프리티 바비 & 스키퍼 기프트 세트

[참고가격] 14,175엔(바비와 스키퍼 2개 세트)

옷을 벗겨보면 깜짝 놀랍니다. 늘름한 역삼각형 보디에 놀랄 만큼 납작한 가슴 때문입니다. 속이 비치는 란제리를 입어도 걱정 없습니다. 이번에 재발매된 모델은 초대 스키퍼라서 허리 부분의 접합부는 없습니다. 무릎도 구부러지지 않고요.

머리둘레 9.7cm
소매길이 6.8cm
어깨너비 4.3cm
키 23.0cm
밑아래 길이 10.8cm
발 길이 2.3cm

B : 9.8cm
W : 7.4cm
H : 9.4cm

Skipper
design by Kate MITSUBACHI

BACK　　FRONT

How to make 슈미즈

① 몸판의 겉감과 안감을 진동둘레, 목둘레, 뒤중심을 맞춰 재봉해 합치고 겉으로 뒤집는다(앞뒤판 모두).
② 앞뒤의 어깨 부분을 합친다. 소맷부리와 목둘레에 레이스를 달아준다. 리본을 패널 느낌으로 몸판에 붙인다.
③ 몸판의 옆선을 재봉한다.
④ 치마를 겉끼리 마주대어 트임을 재봉하고 겉으로 뒤집는다. 아랫단에 레이스와 리본을 달아준다.
⑤ 몸판과 치마를 재봉해 합친다.
⑥ 치마의 뒤중심을 재봉한다. 리본을 만들어 소맷부리 부분에 달아준다. 진주 비즈로 앞을 장식하고, 트임 부분에 스냅 단추를 달아준다.

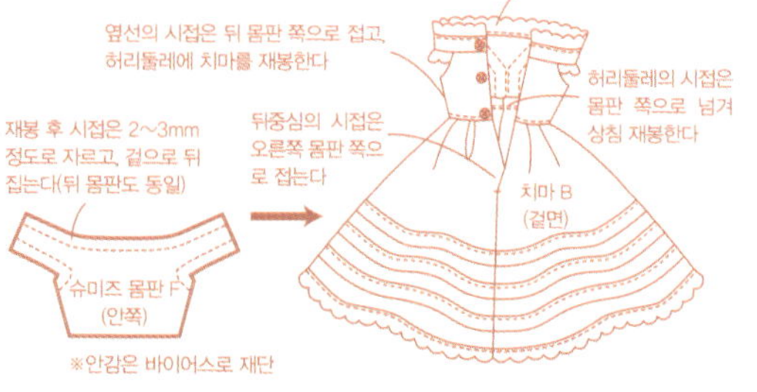

단추 (진주 비즈) =4개
리본 크기 =2.5cm
0.3cm
1.5cm
0.3cm

레이스를 안쪽에서 재봉해 붙인다

옆선의 시접은 뒤 몸판 쪽으로 접고, 허리둘레에 치마를 재봉한다

재봉 후 시접은 2~3mm 정도로 자르고, 겉으로 뒤집는다(뒤 몸판도 동일)

뒤중심의 시접은 오른쪽 몸판 쪽으로 접는다

허리둘레의 시접은 몸판 쪽으로 넘겨 상침 재봉한다

치마 B (겉면)

슈미즈 몸판 (안쪽)

※안감은 바이어스로 재단

재료(가로X세로)

슈미즈
☐ 오건디 80cm X 20cm
☐ 레이스 0.7cm 너비 X 70cm
☐ 리본 0.7cm 너비 X 200cm
☐ 진주 비즈 0.2cm 너비 X 4개
☐ 스냅 단추 3쌍

쇼츠
☐ 오건디 20cm X 7cm
☐ 레이스 0.5cm 너비 X 18cm
☐ 리본 0.3cm 너비 X 약 15cm

How to make 쇼츠

① 아랫단에 레이스를 달고 뒤중심을 재봉한다.
② 허리둘레(리본이 통과할 접는 부분을 표시하고, 앞중심을 재봉한다.
③ 트임 부분의 완성선을 접고, 허리둘레를 재봉한다.
④ 밑아래를 재봉한다. 허리둘레에 리본을 통과시킨다.

리본을 통과시킨다

쇼츠 F (안쪽)

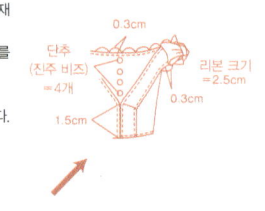

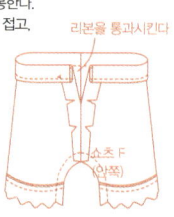

Licca

45-64cm dolls
35-44cm dolls
25-34cm dolls
15-24cm dolls
05-14cm dolls

머리둘레 12.7cm
어깨너비 3.7cm
소매길이 6.6cm
키 23.0cm
밑아래 길이 10.7cm
발 길이 2.2cm

B : 10.6cm
W : 6.6cm
H : 9.6cm

Doll data

[인형명] 리카짱
[회사명] 다카라 토미
[발매시작] 1967년
[주요소재] ABS + PVC
[모델] 리카짱(개인 소장)
[참고가격] 1,260엔~

일본에서 옷 갈아입히는 인형의 대명사이기도 한 롱셀러 인형입니다. 프랑스인 음악가 아버지와 일본인 디자이너 어머니를 둔 초등학교 5학년이라는 기본 설정은 같습니다만, 취미 등 상세한 설정은 시대와 함께 바뀌었습니다. 인형 자체도 모델이 변경되어 현재는 4대째. 어린이가 손에 쥐기 쉬운 자그마한 몸매도 조금씩 커졌습니다. 2008년 4월에는 고개를 갸웃거릴 수 있는 새 보디가 등장했습니다. 예전 타입의 재발매판이나 연령 설정과 소재 등을 바꾼 특별 버전도 수집가들에게 인기가 높습니다.

리카짱의 특징이라면 팔의 가동성입니다. 부드러운 소프트 비닐 소재의 팔 안쪽에 특수장치가 내장되어, 관절이 없어도 팔을 굽히는 것이 가능합니다. 너무 많이 굽히면 푹 꺼져서 공포스러운 비주얼이 될 수 있으니 세심히 조절해주세요.

Licca design by Kaori SAITO

BACK   FRONT

재료(가로X세로)

원피스
- 면 론(아사 면 60수—움긴이) ··· 25cm X 12cm
- 스트라이프 프린트 면 원단 ··· 14cm X 8cm
- 부드러운 망사 ··· 22cm X 12cm
- 부드러운 망사 아랫단용 ··· 1.5cm X 80cm
- 레이스 0.5cm 너비 X 65cm
- 레이스 1.5cm 너비 X 60cm
- 앤틱 컷 비즈(각형 시드 비즈—움긴이) 8개
- 극소 비즈(극소 시드 비즈—움긴이) 14개
- 자수 리본 0.35cm 너비 X 14cm
- 조화 3개
- 스냅 단추 3쌍

드로어즈
- 면 론 28cm X 12cm
- 고무줄(4골) 10cm
- 스냅 단추 1쌍
- 레이스 0.7cm 너비 X 27cm
- 자수 리본 0.35cm 너비 X 16cm

How to make 드로어즈

① 앞의 밑위를 재봉하고 가위집을 넣은 뒤, 오버록 재봉한다. ② 허리둘레에 주름을 잡는다. ③ 아랫단에 오버록 재봉하고, 0.7cm 너비의 레이스를 주름을 잡지 않은 채 재봉한다. 그 위에 4골의 고무줄 각 5cm를 당겨가며 재봉한다. ④ 띠를 겉쪽에서 세로로 길게 반으로 접어 다림질로 눌러둔다. 띠를 펼친 상태에서, 허리둘레와 겉끼리 마주대어 재봉한다. 재봉하지 않는 쪽은 5mm 안쪽으로 접는다. ⑤ 띠를 겉끼리 마주대어 세로로 길게 반으로 접고, 뒤에서 봤을 때 왼쪽 트임에 덧단을 만들어 끼우고 재봉한다. 오른쪽은 벨트의 트임 그대로 재봉한다. ⑥ 트임 부분에 가위집을 넣고 오버록 재봉한다. 띠를 겉으로 뒤집고 안쪽에 공그르기한다. ⑦ 밑아래를 재봉하고, 오버록 재봉한다. ⑧ 스냅 단추를 달고 아랫단 옆에 리본을 달아준다.

How to make 원피스

① 1.5cm 너비의 레이스 48cm에 주름을 잡아, 겉치마(망사) 아랫단에 재봉한다. 1.5cm 너비로 자른 망사 80cm에 주름을 잡아 그 위에 재봉한다. ② 1의 아랫단 레이스가 붙은 위치에서 0.5cm 위에, 0.5cm 너비의 레이스를 달아준다. ③ 아사 면 원단의 속치마 아랫단에 1.5cm 너비 레이스 48cm에 주름 잡아 달아준다. ④ 겉과 안의 치마를 겹쳐서 허리둘레에 주름을 잡아놓는다. ⑤ 겉과 안 몸판 다트를 재봉하고, 앞 몸판에 4개의 레이스를 달아준다. ⑥ 몸판 겉과 안의 상단을 재봉한다(뒤트임과 허리 부분은 박지 않는다). 겉 몸판과 주름을 잡은 치마를 합쳐서 재봉한다. 안 몸판의 허리둘레는 안쪽으로 5mm 접어놓는다. ⑦ 트임용 덧단을 반으로 접어 위아래를 재봉해 겉으로 뒤집는다. 뒤에서 봤을 때 왼쪽 트임 부분에 겉끼리 맞대 끼우듯이 해서 치마에 재봉해 붙인다. ⑧ 오른쪽 몸판의 트임 부분은 겉끼리 마주대어 재봉한다. ⑨ 몸판을 겉끼리 맞댄 상태 그대로, 트임 부분에 오버록 재봉한다. ⑩ 몸판을 겉으로 뒤집고, 안 몸판의 허리둘레를 공그르기로 막아준다. ⑪ 어깨끈용 레이스, 앞가슴용 레이스를 달고 비즈 등으로 장식한다. 어깨끈의 연장선상에 리본을 만들어 달아준다. ⑫ 스냅 단추를 붙인다.

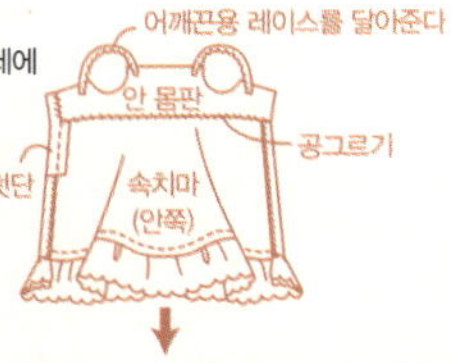

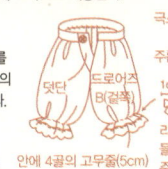

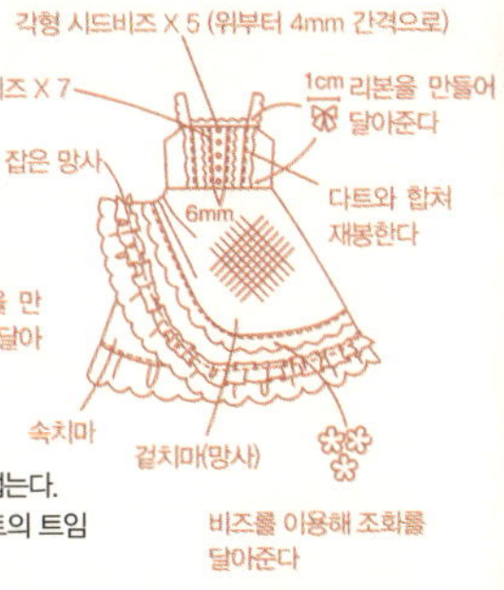

©2008 TOMY

NANO HARUKA 23

제로 굿즈 유니버스와 주식회사 오비츠 제작소가 공동 개발한 60cm 인형 HARUKA DOLL의 육일돌 버전. 2007년 가을에 데뷔한 뉴페이스입니다. 사이즈는 작지만 HARUKA DOLL의 이미지를 물려받은 섬세한 메이크업으로 꾸며져, 유리 안구와 가발을 교체하고 다양한 표정 변화를 즐길 수 있습니다. 23cm 크기의 오비츠 보디를 사용하고 있으므로 가동성이 뛰어나고, 다양한 자세를 취할 수도 있습니다.

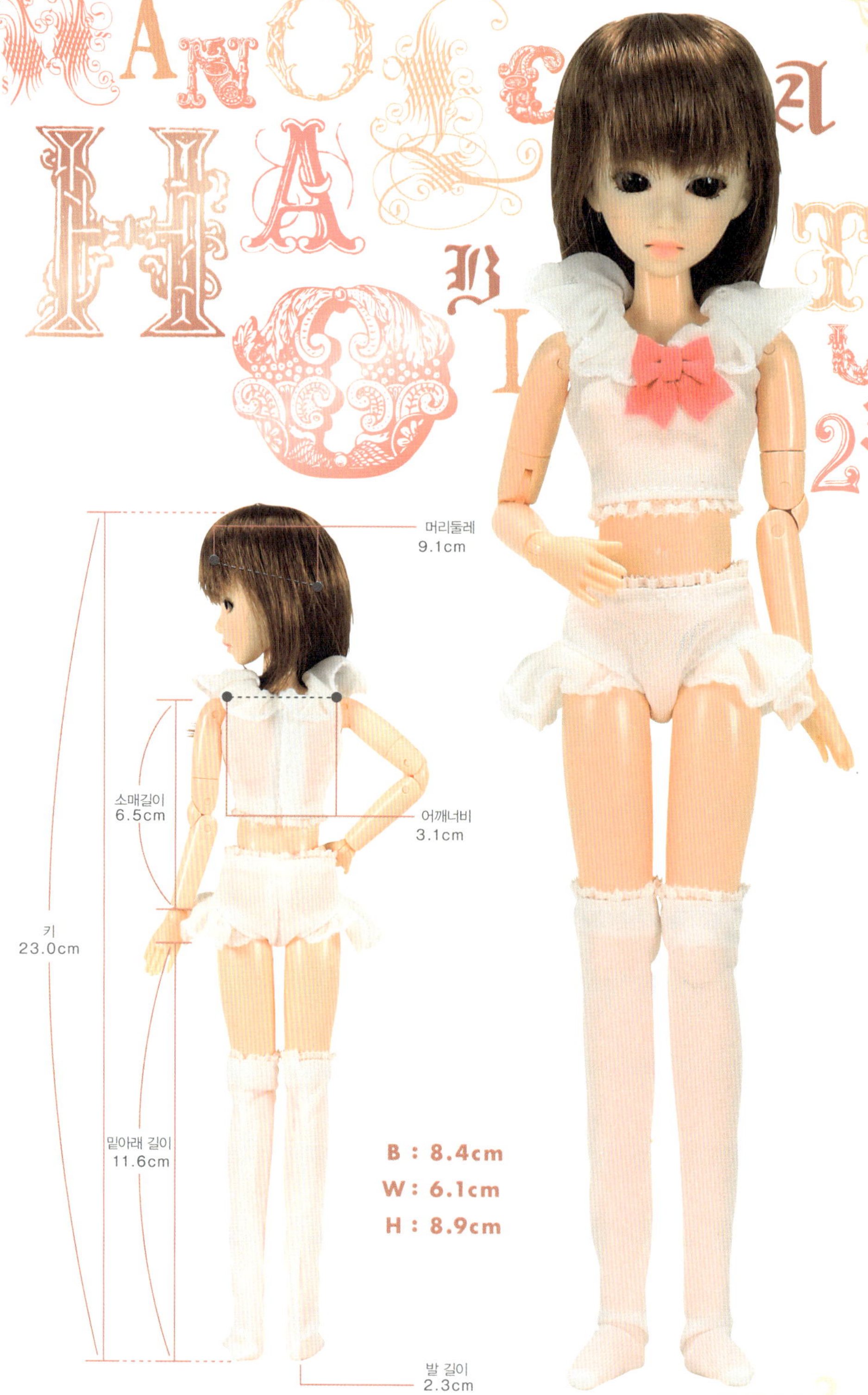

Doll data

[인형명]	나노 하루카
[회사명]	제로 굿즈 유니버스
[발매시작]	2007년
[주요소재]	ABS + PVC
[모델]	vol.1 (black)
[참고가격]	14,490엔~

나노 하루카의 보디에는 오비츠 23을 사용했습니다. 마마챱토이(MAMACHAPPTOY)의 인기 인형 '작은 모코짱' 등도 이 보디로 되어 있어서, 같은 란제리를 입힐 수 있습니다. 헤어는 식모가 아닌 가발 스타일입니다.

머리둘레 9.1cm
소매길이 6.5cm
어깨너비 3.1cm
키 23.0cm
밑아래 길이 11.6cm
발 길이 2.3cm

B : 8.4cm
W : 6.1cm
H : 8.9cm

How to make 시폰 프릴 캐미솔

1. 진동둘레의 시접에 가위집을 넣은 후, 완성선을 접어 재봉한다.
2. 프릴의 단 끝을 인터로크 재봉하고, 목둘레 치수에 맞춰 주름을 잡는다.
3. 목둘레에 프릴을 재봉해 붙인다.
4. 시접을 안쪽으로 접고 목둘레를 가른다.
5. 옆선을 재봉하고 시접을 가른다.
6. 아랫단을 접고 레이스와 겹쳐서 재봉한다.
7. 뒤를 완성선에 맞춰 접고 매직테이프를 붙인다. 매직테이프는 아래쪽이 트임의 덧단이 되도록 붙여준다.
8. 목둘레 프릴을 몇 군데 몸판에 고정해서 모양을 정리해준다.
9. 리본을 만들어 달아준다.(패턴지 참조)
   a. 위아래 리본의 완성선을 접고, 위의 리본을 고리 형태로 만든다.
   b. 위아래 리본을 겹쳐서 중앙을 묶어준다.
   C. 가운데 원단으로 감싸 공그르기한다.

How to make 시폰 프릴 팬티

1. 허리둘레의 시접에 가위집을 넣고 완성선을 접은 후, 고무 레이스와 겹쳐서 재봉한다. 재봉 후에는 고무 레이스의 고무 부분을 잘라낸다.
2. 프릴의 단 끝을 인터로크 재봉하고, 치수에 맞춰 주름을 잡는다.
3. 허벅지 둘레와 프릴을 겉끼리 마주대어 겹쳐서 재봉한다.
4. 뒤중심을 재봉하고 시접을 가른다.
5. 밑아래를 재봉하고 시접을 가른다.

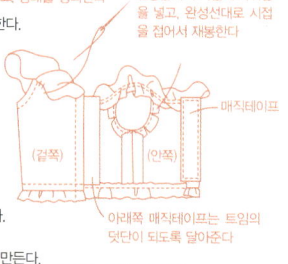
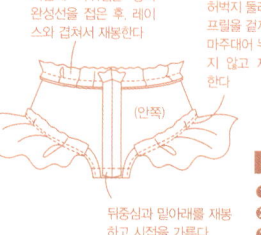

재료 (가로X세로)

시폰 프릴 캐미솔
- 실 웨이브(국내에서는 스판 안감 원단 사용—옮긴이) — 10cm X 12cm
- 파우더 시폰(국내에서는 표면이 오톨도톨한 시폰 원단 사용—옮긴이) — 8cm X 15cm
- 리본용 파우더 시폰 — 7cm X 7cm
- 얇은 매직테이프 — 3cm

시폰 프릴 팬티
- 실 웨이브 — 16cm X 8cm
- 파우더 시폰 — 7cm X 15cm

오버 니 삭스
- 파워 네트(망이 큰 망사 원단—옮긴이) — 15cm X 13cm
- 고무줄 레이스 — 15cm

How to make 오버 니 삭스

1. 입구 부분을 접고 고무줄 레이스를 겹쳐서 재봉한다.
2. 뒤중심을 재봉한다.
3. 발뒤꿈치 부분에 가위집을 넣고 겉으로 뒤집는다.

nano HARUKA (OBITSU23)
design by momolita

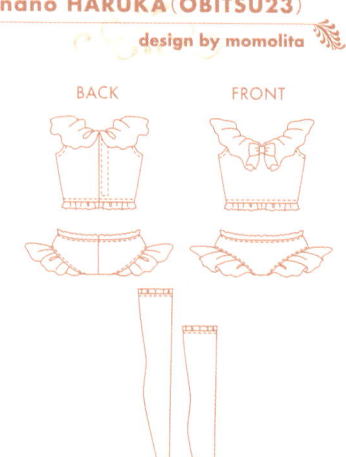

BACK   FRONT

©ZERO GOODS UNIVERSE ©OBITSU

TINY BETSY McCALL

1951년 미국의 가정 잡지 「매콜스 매거진(McCalls Magazine)」의 부록 종이인형으로 데뷔한 캐릭터를 기본으로, 1957년 아메리칸 캐릭터 토이(American Caracter Toy)사에서 발매되었던 인형의 재발매판. 헤어는 합성모로 만들어진 가발이고, 인형 안구를 사용한 눈은 슬립아이 기능을 갖추고 있습니다. 2007년까지 토너 돌(Tonner Doll)사가 제작 판매하며 전통적인 이미지를 충실하게 재현했지만, 2005~2006년에는 약간 건방져 보이는 뉴 페이스, 파키가 나오기도 했습니다.

Doll data

- [인형명] 타이니 벳시 맥콜
- [회사명] 이팡비 돌 컴퍼니(Effanbee Doll Company)
- [발매시작] 2000년
- [주요소재] ABS
- [모델] 클래식 벳시(블론드)
- [참고가격] 7,350엔

50년도 더 된 인형의 재발매판이다 보니, 보디의 구조는 매우 심플하고 가동 범위는 좁습니다. 목 부분이 얇은 고무끈으로 연결되어 미묘한 갸웃거림으로 싫증난다는 표정을 자유롭게 지을 수 있는 것이 매력입니다.

머리둘레 12.1cm
어깨너비 3.5cm
소매길이 4.7cm
키 19.5cm
밑아래 길이 8.2cm
발 길이 2.1cm

B : 8.9cm
W : 7.2cm
H : 10.0cm

How to make 올인원

1. 몸판에 새틴 테이프를 상침 재봉으로 달아준다.
2. 어깨끈의 시접을 접어 상침 재봉한다.
3. 플리츠용 원단에 다리미로 주름을 잡고, 새틴 테이프를 올려 상침 재봉으로 고정한다.
4. 허벅지 둘레의 시접을 안쪽으로 접고 상침 재봉으로 고정한다.
5. 몸판에 어깨끈을 겉쪽끼리 맞대 시침질하고, 시접을 접어 상침 재봉으로 고정한다.
6. 레이스로 리본을 만들어 몸판의 지정된 위치에 상침 재봉으로 달아준다.
7. 뒤중심을 겉끼리 마주대어 재봉한다. 8. 밑아래를 재봉한다.
9. 몸판의 지정된 위치에 플리츠 원단을 달아준다.
10. 장식용 리본과 비즈를 달아 완성.

재료 (가로×세로)

올인원
- 레이스 니트 원단 … 14cm × 8cm
- 보일지(80수 이상의 얇고 투명한 평직 원단-옮긴이) … 13cm × 2cm
- 새틴 테이프 … 0.2cm 너비 × 50cm
- 레이스 … 1cm 너비 × 3.5cm
- 비즈 … 0.15cm 너비 × 6개

TinyBetsyMcCall
design by LOVESOUND

BACK FRONT

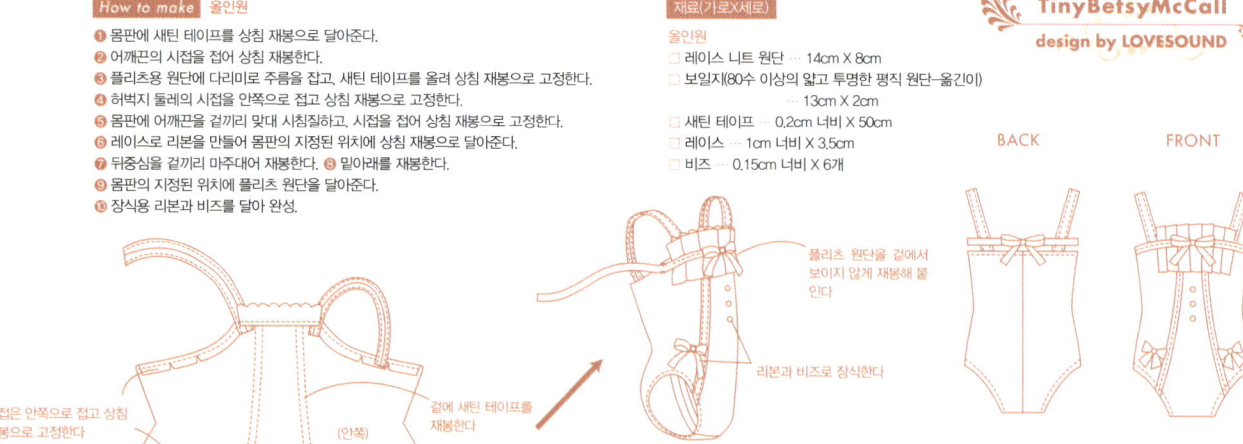

45-64cm dolls　35-44cm dolls　25-34cm dolls　15-24cm dolls　05-14cm dolls

라틴어로 '1' 또는 '진실'을 의미하는 '우나'는 헤드가 큰 것이 특징. 사람의 모습을 하고 있지만 인간과는 다른 종족의 작은 동물이란 설정을 바탕으로 특이한 세계관이 담긴 스토리를 전개하고 있습니다. 헤드와 보디는 오리지널로, 인형 안구를 사용한 눈은 슬립 아이 기능을 갖추고 있습니다. 같은 타입의 헤드와 보디를 사용한, 다른 종족의 친구 인형, cuna, suna, duna(쌍둥이)도 발매되고 있습니다.

머리둘레 18.7cm
어깨너비 3.7cm
소매길이 6.7cm
키 19.5cm
밑아래 길이 10.7cm
발 길이 2.1cm

B : 10.5cm
W : 6.2cm
H : 9.4cm

Doll data

[인형명] 우나
[회사명] moof
[발매시작] 2003년
[주요소재] ABS

[모델] huna
[참고가격] 10,290엔

평면적인 얼굴에 슬립 아이 기능으로 민감하게 움직이는 아몬드색 눈동자를 가진 우나. 살짝 건드려도 눈동자가 깜빡이는 모습은, 한번 꽂히면 감당할 수 없을 정도로 귀엽습니다. 발은 수지 소재로 만들어져 부드럽게 포즈를 취하는 것이 가능합니다.

una
design by Yukiyo SHOJI

BACK　FRONT

재료(가로X세로)

원피스
- 니트지(흰색) … 20cm X 15cm
- 니트지(무늬) … 23cm X 5cm
- 스냅 단추 … 1쌍
- 털실 … 적당히
- 끈(리리안 등) … 적당히
- 다림질 접착 장식 … 적당히

쇼츠
- 니트지(무늬) … 6cm X 10cm
- 고무줄 … 적당히

How to make 쇼츠

1. 허벅지 둘레를 안쪽으로 접어 상침 재봉으로 고정한다.
2. 왼쪽 옆선만 재봉한다.
3. 고무줄을 살짝 당기면서 허리 시접 부분에 재봉해 붙여준 후, 안쪽으로 접어서 상침 재봉으로 고정한다.
4. 오른쪽 옆선을 재봉한다.

How to make 원피스

1. 앞판, 뒷판의 어깨선을 재봉해 합치고 시접을 가른다.
2. 목둘레에 반으로 접은 테이프를 겉쪽에서 겹쳐서 재봉해 합치고, 시접을 몸판 쪽으로 넘겨 상침 재봉으로 고정한다.
3. 진동둘레의 시접을 안쪽으로 접어 상침 재봉으로 고정한다.
4. 왼쪽 옆선만 재봉해 합치고 시접을 가른다.
5. 뒤트임을 트임 끝 위치까지 재봉하고 시접을 가른다. 트임 부분에 상침 재봉한다.
6. 목둘레와 같이, 아랫단에 반으로 접은 테이프를 재봉한다.
7. 오른쪽 옆선을 재봉하고 시접을 가른다.
8. 털실로 봉봉(지름 2.5cm)을 만들어 오른쪽 자락에 재봉해 붙이고, 끈으로 묶어준다.
9. 몸판을 겉끼리 맞댄 상태에서, 트임 부분에 오버로크 재봉한다.
10. 원하는 위치에 다림질로 접착되는 장식을 붙인다.

테이프를 겉쪽에서 겹쳐서 재봉해 합치고, 시접을 몸판 쪽으로 넘기고 상침 재봉한 후에, 뒤트임에 스냅 단추를 달아준다

왼쪽 옆선의 시접을 길러서 마감한다

트임 부분에 상침 재봉한다

몸판 B (안쪽)

아랫단을 처리한 후에 오른쪽 옆선을 재봉한다

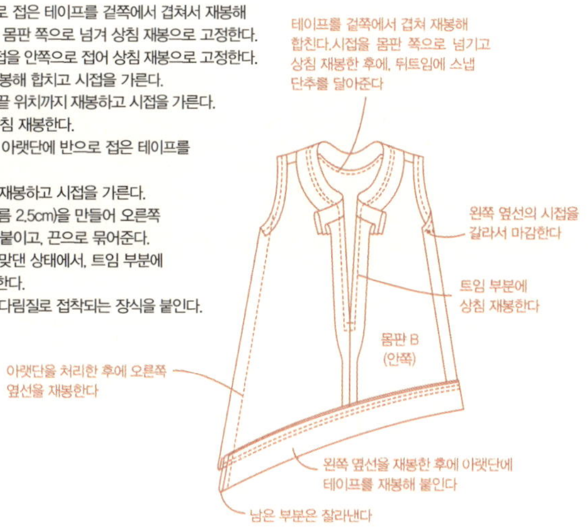

왼쪽 옆선을 재봉한 후에 아랫단에 테이프를 재봉해 붙인다

남은 부분은 잘라낸다

인형 안구와 가발을 교체하며 다양하게 즐길 수 있는 신장 약 18cm의 레진 인형으로 발매되었습니다. 버전이 바뀔 때마다 구조가 변화해. 현재는 제3탄 '충치 양 (정식판)'으로 팔꿈치가 분리되지 않는 보디가 기본이 되었습니다. 수제 레진 인형은 투명감과 따스함이 특징이지만 품질과 내구성은 플라스틱 인형에 비해 떨어집니다. 2008년 1월에 품질과 내구성이 뛰어난 ABS 수지로 만든 ABS 리노가 발매되었습니다.

Doll data

- [인형명] 작은 집의 리노
- [회사명] moof
- [발매시작] 2007년
- [주요소재] ABS / 레진캐스트
- [모델] ABS판 리노
- [참고가격] 7,920엔

이번 촬영 모델은 ABS 소재이지만, 패턴은 캐스트 보디 사이즈로 제작했습니다. 캐스트 보디보다 약간 작으므로, ABS 보디용으로 만들 경우에는 5% 정도 크게 만들면 딱 좋습니다.

머리둘레 11.7cm
소매길이 5.2cm
어깨너비 3.1cm
키 17.5cm
밑아래 길이 8.0cm
발 길이 2.3cm

B : 8.0cm
W : 6.5cm
H : 9.3cm

How to make 원피스
1. 앞판 뒤판의 진동둘레와 목둘레를 안쪽으로 접어 상침 재봉한다.
2. 앞판 뒤판을 겉끼리 마주대어, 어깨와 옆선을 재봉한다. 옆선 시접은 갈라서 마감한다.
3. 아랫단에 레이스(17cm)를 재봉해 붙인다. 시접은 몸판 쪽으로 접고 상침 재봉으로 고정한다.
4. 뒤중심을 트임 끝 위치까지 재봉한다. 시접을 가르고 트임 부분에 상침 재봉한다.
5. 뒤트임 부분에 스냅 단추를 달고, 목둘레와 레이스 부분은 비즈로 장식한다.

재료(가로X세로)
원피스
- 자수 면 원단 — 20cm X 10cm
- 레이스 — 2cm 너비 X 17cm
- 비즈(큰 것) — 1개
- 비즈(작은 것) — 적당히
- 스냅 단추 — 1쌍

쇼츠
- 자수 면 원단 — 6cm X 10cm
- 고무줄 — 적당히

How to make 쇼츠
1. 허벅지 둘레를 안쪽으로 접어주고 상침 재봉으로 고정한다.
2. 옆선을 한쪽만 재봉한다.
3. 고무줄을 약간 당겨가며 허리 시접에 재봉해 붙여준 후, 안쪽으로 접어 상침 재봉으로 고정한다.
4. 나머지 옆선을 재봉한다.

LINO
design by Yukiyo SHOJI

BACK　　FRONT

EMERALD The Enchanting WITCH

보라색 피부와 초록색 롱 헤어로 특이한 분위기를 내는 마녀 인형. 등의 커버를 열어 AA 건전지를 넣으면, 에메랄드그린 색깔의 눈이 반짝이는 특수 효과를 냅니다. 베이비 페이스에 통통한 몸매의 어린이 체형. 목과 팔다리 관절만 움직이고, 다리를 벌리고 앉는 구조로 되어 있습니다. 기본형은 고깔모자의 검정색 마녀 룩이지만, 총 6종류의 갈아입히는 의상은 매우 화려한 컬러 구성으로 되어 있습니다. 인형과 의상 모두 일본 제품.

머리둘레 13.6cm
소매길이 4.1cm
어깨너비 3.4cm
키 17.0cm
밑아래 길이 4.8cm
발 길이 2.8cm

B : 10.3cm
W : 10.8cm
H : 13.0cm

Doll data

[인형명] 에메랄드 위치
[회사명] 걸스 월드
[발매시작] 1972년
[주요소재] PVC + ABS
[모델] 에메랄드
[참고가격] 현재는 판매중지(당시 가격은 7.98달러)

최근 1~2년 사이 인기가 상승한 에메랄드. 브라이스만큼은 아니지만 이베이 등의 경매시장에서 가격이 올라가는 추세입니다. 등에 건전지를 넣을 수 있는 아이는 패나 레어템!

EMERALD The Enchanting Witch
design by caolu

BACK   FRONT

재료(가로X세로)

롬퍼
- 새틴 생지 … 20cm X 20cm
- 망사 네트 … 10cm X 20cm
- 리본 레이스 … 0.6cm 너비 X 30cm
- 리본 … 0.3cm 너비 X 50cm
- 리본(앞판 장식용) … 8cm
- 스냅 단추 … 1개

헤어 드레스
- 합성피혁 … 30cm X 10cm
- 리본 … 0.3cm 너비 X 24cm
- 비즈 … 적당히

How to make 헤드 드레스(머리 장식-울긴이)
❶ 시접 ★을 재봉해서(패턴지 참조) 입체감을 살려준다. 턱 끈으로 쓸 리본을 재봉한다.
❷ 합성피혁을 자유롭게 꽃 모양으로 오려내서(36장) 장식한다 ※합성피혁 대신 펠트도 OK.

몸판 옆면(겉면)
진동둘레의 ★부분은 고무실로 재봉
몸판 옆면(겉면)
몸판 F(겉면)
앞중심에 리본을 재봉해서 달아준다
망사 네트를 목둘레와 진동둘레의 안단으로 사용한다 (겉에 올려서 재봉한 후, 남는 부분은 잘라내고 안쪽으로 넘겨 상침 재봉)
옆선의 시접은 뒤로 넘긴다
허벅지둘레는 시접 없이 자른다
겉에 레이스를 재봉하고 리본을 단다
몸판 B(안면)

How to make 롬퍼
❶ 몸판과 옆면을 재봉해 합치고, 오버로크 재봉으로(또는 피케 본드로 마감) 처리해둔다. 시접은 몸판 쪽으로 접고 상침 재봉한다. 앞판 중앙에 리본을 달아준다.
❷ 목둘레, 진동둘레에 망사를 겉끼리 마주대어 재봉한다. 남는 부분을 잘라내고, 안쪽으로 넘겨 상침 재봉한다.
❸ 진동 둘레의 ★부분은 고무실을 밑실로 사용해 재봉한다.
❹ 옆선을 재봉하고 오버로크 재봉한다. 시접은 뒤판 쪽으로 넘긴다.
❺ 허벅지 둘레를 오버로크 재봉하고, 둘레를 따라 리본 레이스를 1줄 재봉한다. 그 위치에서 5mm 떨어진 곳에 다시 1줄 재봉.
❻ 뒤판의 등중심을 오버로크 재봉하고, 접어서 상침 재봉. 밑아래를 재봉하고 오버로크 처리한다.
❼ 겉으로 뒤집어, 허벅지 둘레 레이스의 측면에서 리본을 통과시키고 묶어준다(복주머니 만들 때처럼). 스냅 단추를 단다.

©1972 GIRLS WORLD PAT.PEND.

POCKET FAIRY

당시 일본에는 없던 키 14cm의 구체관절인형으로, 한국 업체에서 레진 캐스트로 만들었습니다. 이름 그대로 주머니에 쏙 들어가는 작은 요정 같습니다. 이 회사는 40cm급 틴 버전과 타이니 페어리란 시리즈가 있고, 아울러 몇 종류의 남녀 아이 인형을 발매하고 있습니다. 한국 전문점 미노루 월드(MINORU WORLD)와 제휴해서 만든 한정판 인형과 주변 제품 외에, 노아 드롬(NOIX DE ROME)과 제휴해서 만든 한정판도 있습니다.

보디의 형태와 사이즈는, 준 플레잉의 구체관절인형 '아이(愛)'와 동일합니다!

Doll data

[인형명]	포켓 페어리
[회사명]	블루페어리
[발매시작]	2004년
[주요소재]	레진캐스트
[모델]	미니메이(흰 피부)
[참고가격]	35,000엔 (275달러)

인형 이벤트나 개인 사이트에서 사적으로 구입한 PF가 화제가 되면서 입소문으로 인기를 모으게 된 인형입니다. 사진의 모델은 이전에 한정 발매된 흰 피부의 미니메이('지옥의 실 yuko' 님의 소장품으로), 구하기 어려워 동경하는 모델입니다!

머리둘레 10.5cm
키 13.0cm
소매길이 3.9cm
어깨너비 2.9cm
밑아래 길이 4.4cm
발 길이 1.8cm

B : 7.4cm
W : 7.3cm
H : 8.6cm

Pocket Fairy
design by Dolls Drug Kingdom

BACK   FRONT

How to make 캐미솔
1. 겉 요크의 핀턱 주름을 재봉한다. 아랫단에 창구멍을 남기고 겉과 안 요크를 재봉해서 겉으로 뒤집는다.
2. 3cm 너비의 리버 레이스를 2단으로 잇대어, 5cm 너비가 되도록 몸판용 원단을 만든다.
3. 몸판 다트를 재봉하고, 플리츠 주름을 잡아준다.
4. 안단을 재봉해 붙인다.
5. 요크를 몸판 위에 재봉해 붙인다.
6. 어깨에 주름을 잡은 망사를 재봉해 붙인다.
7. 아랫단과 요크 부분에 비즈와 리본을 달아준다.
8. 어깨끈을 몸판에 재봉한다. 9. 스냅 단추를 달아준다.

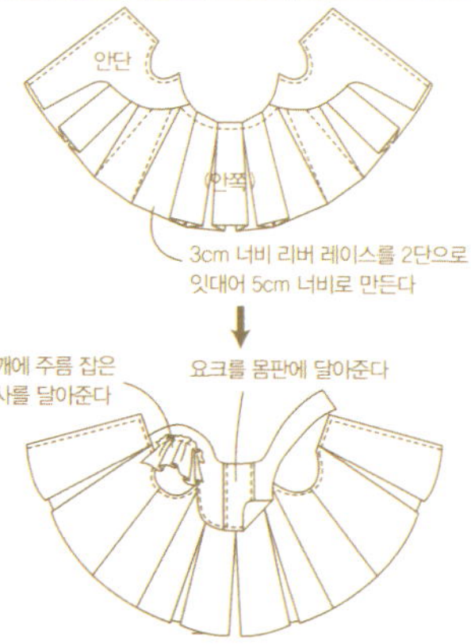

How to make 호박 바지
1. 아랫단을 인터로크 재봉하거나 접어서 상침 재봉한다.
2. 아랫단에 레이스와 망사를 재봉해 붙인 후, 고무줄을 당겨가며 재봉한다.
3. 앞판 밑위를 재봉한다.
4. 허리둘레를 접어서 상침 재봉으로 고정하고 고무줄을 통과시킨다.
5. 뒤판 밑위를 재봉한다.
6. 밑아래를 재봉한다.

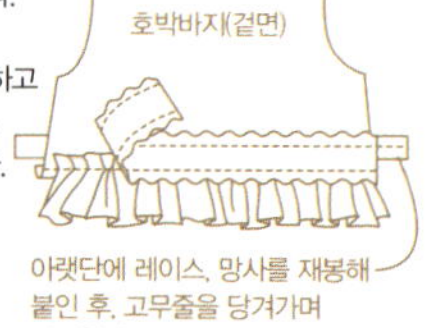

아랫단에 레이스, 망사를 재봉해 붙인 후, 고무줄을 당겨가며 재봉한다.

How to make 바부슈카
1. 창구멍을 남기고 재봉한다. 겉으로 뒤집어서 자수 재봉한다.
2. 가장자리에 주름 잡은 망사, 레이스를 단다.
3. 리본으로 귀 모양 장식을 만들어 양 끝에 재봉해 붙인다.
4. 리본, 망사, 비즈, 레이스 모티브로 장식한다.

안단
안쪽
3cm 너비 리버 레이스를 2단으로 잇대어 5cm 너비로 만든다
요크를 몸판에 달아준다
호박바지(겉면)

재료(가로X세로)

캐미솔
- 면 실크 … 18cm X 6cm
- 리버 레이스 … 3cm 너비 X 52cm
- 망사 … 적당히
- 리본 … 0.3cm 너비 적당히
- 담수 진주 … 직경 0.3cm X 1개
- 스팽글 & 비즈 … 직경 0.3cm 적당히
- 스냅 단추 … 직경 0.7cm X 2개

호박 바지
- 면 실크 … 12cm X 6cm
- 리버 레이스 … 1.5cm 너비 X 24cm
- 망사 … 적당히
- 고무줄 … 0.3cm 너비 X 20cm

바부슈카(턱 밑에서 묶는 스카프-옮긴이)
- 망사 … 20cm X 8cm
- 망사(장식용) … 적당히
- 리버 레이스 … 1.5cm 너비 X 11cm
- 레이스 … 1cm 너비 적당히
- 리본 … 0.7cm 너비 X 1m
- 리본 … 0.3cm 너비 적당히
- 비즈
- 레이스 모티브

©Bluefairy. All rights reserved ©Ars Gratia Artis

LITTLE PULLIP

푸리프의 미니 버전. 푸리프를 비율대로 작게 줄인 것이 일반적이지만, 오리지널 의상을 입은 아이도 있습니다. 푸리프와 동일하게 인형 안구를 사용하지만, 슬립 아이 기능은 적용되지 않았습니다. 보디는 머리와 팔다리가 접합된 부위 외에는 허리가 움직이는 것이 기본입니다. 초기 모델은 가동 범위가 달라서, 무릎이 굽혀지는 밴더블 레그로 되어 있었습니다. 양말과 신발은 일부를 제외하고 페인트입니다.

머리둘레 12.5cm
어깨너비 1.8cm
소매길이 2.5cm
키 12.0cm
밑아래 길이 4.2cm
발 길이 0.9cm

B : 5.1cm
W : 3.1cm
H : 4.2cm

Doll data

[인형명] 리틀 푸리프
[회사명] 준 플레잉
[발매시작] 2005년
[주요소재] HIPS(high impact polystyrene) + PVC
[모델] 스완
[참고가격] 2,079엔

머리가 큰 미니 인형 3자매 중에서 가장 큰 리틀 푸리프. 슬립 아이 기능이 없어서 가지고 노는 폭이 좁긴 하지만, 눈동자의 하이라이트 프린트나 광채의 위치, 눈썹의 각도 등에 있어서는 완성도가 높습니다.

Little Pullip
design by Yukari KYUSUKE

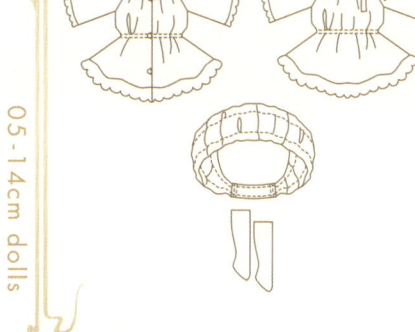

BACK   FRONT

재료 (가로×세로)

베이비 돌
- 실크 안감지(좋아하는 것으로) … 15cm × 10cm
- 레이스 … 0.8cm 너비 × 45cm
- 굵은 알의 비즈 … 3개
- 장식용 가는 리본 … 조금

헤어밴드
- 실크 안감지 … 20cm × 3cm
- 안감용 면 론(아사 면 60수-움직이) … 20cm × 3cm
- 가는 고무줄 20cm □ 리본 … 1cm 너비 × 4cm

오버 니 삭스
- 면 저지(싱글 다이마루-움직이) … 8cm × 6cm

How to make 베이비 돌
1. 몸판과 소매를 재봉해 합친다. 목둘레를 접고, 안쪽에 레이스를 대어 듬성듬성 재봉해서, 실을 당겨 조여준다.
2. 소맷부리를 접고, 안쪽에 레이스를 대어서 감침질한다. 소매~옆선을 재봉한다.
3. 몸판에 주름을 잡는다. 아랫단을 접어 안쪽에 레이스를 대고 감침질한다.
4. 뒤쪽 트임을 접어서 감침질하고, 비즈와 실 고리를 단다. 목둘레에 리본을 달아 장식한다.

How to make 헤어밴드
1. 겉감 안감을 겉끼리 마주대고, 긴 파이프 모양이 되도록 재봉한다. 뒤집어서 다림질한다.
2. 상하단에 상침 재봉하고 고무줄을 통과시켜, 길이가 10cm가 되도록 줄인다. 양끝을 리본의 너비에 맞게 접어 시침질한다.
3. 양끝을 리본으로 묶어서 마감한다.

How to make 오버 니 삭스
1. 입구의 시접을 다리미로 접고(입구는 꿰매지 않는다). 중심에 맞춰 겉끼리 마주대어 재봉한다. 시접을 3mm 남기고 자르고 겉으로 뒤집는다.

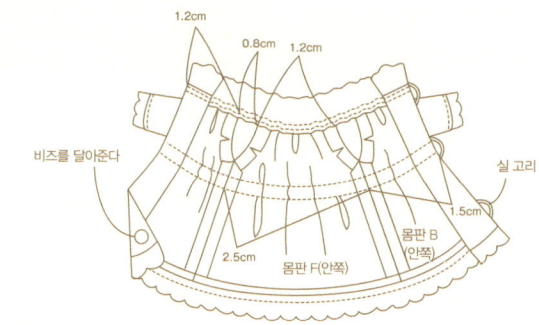

1.2cm
0.8cm 1.2cm
비즈를 달아준다
실 고리
1.5cm
몸판 B (안쪽)
2.5cm 몸판 F (안쪽)

PETITE BLYTHE

부담 없이 브라이스의 매력을 즐길 수 있는 미니 사이즈의 인형. 네오 브라이스의 소형화에서 시작되었지만, 지금은 독창적인 디자인이 주류입니다. 원래는 머리 외에는 움직이지 않는 열쇠고리 형태였지만, 2003년 6월 이후에는 체인을 빼고 움직이는 보디가 되었습니다. 인형 눈동자가 변색되는 특수 장치는 없지만, 2003년 7월부터는 슬립 아이 기능이 추가되었습니다. 2006년 11월에는 신발 탈착이 가능한 팁토(tiptoe) 보디도 등장했습니다.

Doll data

[인형명] 쁘띠 브라이스
[회사명] E 레볼루션
[발매시작] 2002년
[주요소재] ABS + PVC
[모델] 달콤한 마법의 스칼렛(Sweet Spell Scarlet)
[참고가격] 2,835엔

팁토에 콩알만 한 신발을 갈아 신기는 즐거움이 있어서, 전용 신발 세트도 등장했습니다. 옛날 '인형의 집' 사이즈에 맞다는 것도 매력 포인트. 벤더블 레그니까 포즈도 확실합니다.

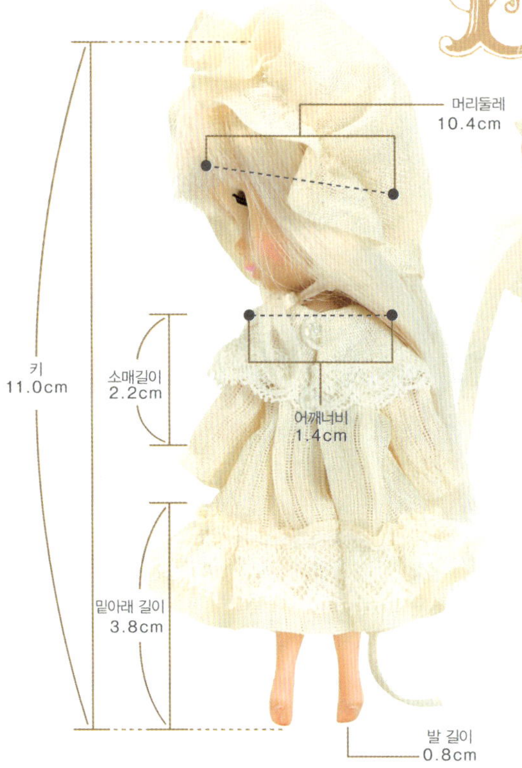

머리둘레 10.4cm
키 11.0cm
소매길이 2.2cm
어깨너비 1.4cm
밑아래 길이 3.8cm
발 길이 0.8cm

B : 4.6cm
W : 3.0cm
H : 4.1cm

How to make 슈미즈

① 요크의 겉감과 안감을 겉끼리 마주대어 뒤~목둘레~뒤를 재봉하고 겉으로 뒤집는다.
② 몸판과 소매에 플리츠 주름을 잡는다. 몸판과 소매의 어깨 부분을 재봉해 합치고, 뒤쪽 트임의 시접은 접어둔다.
③ 펼쳐놓은 몸판 위에 요크를 얹고, 요크의 선과 몸판의 선을 맞추어 재봉해 합친다. 요크의 시접이 감춰지도록 시접 위에 8mm 레이스를 얹어 재봉한다.
④ 소매의 플리츠 주름을 잘 펼쳐서 시접을 접고, 듬성듬성 재봉해 주름을 잡아 2.7cm로 오그려준다. 몸판끼리 마주대어, 소매와 옆선을 이어서 재봉한다. (요크의 레이스가 함께 재봉되지 않도록 주의.)
⑤ 아랫단 프릴용 원단의 시접을 접고, 12mm 레이스를 얹어 겉에서 듬성듬성 재봉하여 주름을 잡아준다.
⑥ 몸판 옆선의 시접을 가르고 겉으로 뒤집는다. 몸판 하단의 플리츠 주름을 잘 펼쳐서, 프릴을 위에 올려 재봉한다.
⑦ 아랫단 프릴의 뒤트임을 재봉해서 합친다. 몸판과 요크의 뒤트임에 비즈와 실 고리를 달아준다.

재료 (가로 X 세로)

슈미즈
- 여름용 실크(비단, 면 등) … 23cm X 10cm
- 면 론(아사 면 50수~옮긴이) … 5cm X 5cm
- 레이스 … 0.8cm 너비 X 10cm
  1.2cm 너비 X 20cm
- 커다란 비즈 … 2개

나이트 캡
- 여름용 실크(비단, 면 등)
  … 12cm X 15cm
- 턱 끈용 얇은 리본 … 24cm

소매부리를 안쪽으로 접고, 2줄로 상침 재봉해서 주름을 잡는다

접혀진 플리츠 주름을 펼쳐, 아랫단 프릴을 얹어 재봉한다.

How to make 나이트 캡

① 테두리의 시접을 다리미로 꺾어 접고, 시접을 지그재그 재봉으로 고정한다.
② 패턴의 선을 따라 듬성듬성 재봉하고 맞춤점을 참고해서 균등하게 주름을 잡는다. 머리둘레 12.5cm에 맞춰 오그려준다. (갖고 있는 인형에 맞추면 된다.)
③ 아랫단의 곡선 부분에 가위집을 넣고, 턱 끈과 함께 바이어스테이프로 감싸서 마감한다.

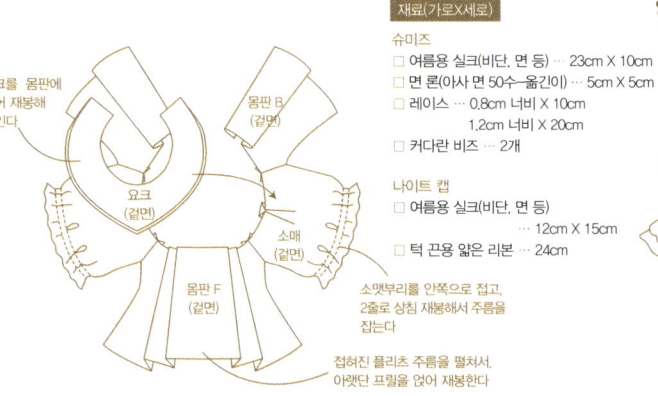

Petite BLYTHE
design by Yukari KYUSUKE

BACK FRONT

DOLCENA

디즈니 마니아라는 설정으로, 디즈니 캐릭터와 관련된 코스프레 스타일로 판매되는 미니 사이즈 인형입니다. 동물 전신 의상을 입은 인형이 자주 눈에 띄는 것이 특징입니다. 보디는 목과 팔다리 관절만 가동되는 심플한 구조. 인형 안구를 사용한 눈은 눕히면 눈을 감는 슬립 아이 기능이 있습니다. 양말은 페인트, 신발은 부츠나 인형의 일부 같은 특수한 것을 제외하고는 페인트입니다.

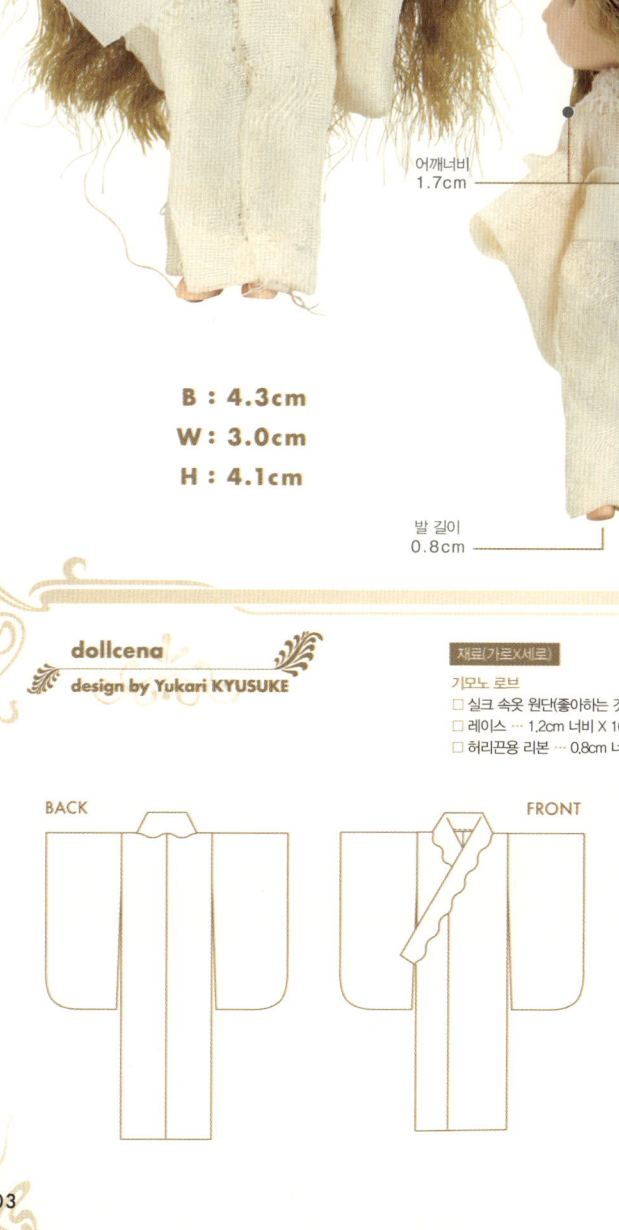

머리둘레 11.9cm
어깨너비 1.7cm
소매길이 2.0cm
키 11.0cm
밑아래 길이 3.8cm
발 길이 0.8cm

B : 4.3cm
W : 3.0cm
H : 4.1cm

Doll data

[인형명] 돌체나
[회사명] 다카라 토미
[발매시작] 2005년
[주요소재] ABS + PVC
[모델] 파이리트 어드벤처(Pirate Adventure)
[참고가격] 2,625엔

가슴이 평평해서 남녀 캐릭터 의상 모두를 맵시 있게 입을 수 있는 돌체나. 의상에 따라서는, 팔다리에 도장이 되어 있다는 사실이 애로사항이 될 수도 있습니다. 신기하게도 공주 계통 인형엔 눈썹이 달려 있는 현상이...

dollcena design by Yukari KYUSUKE

기모노 로브

재료(가로X세로)
- 실크 속옷 원단(좋아하는 것으로) … 10cm X 15cm
- 레이스 … 1.2cm 너비 X 16cm
- 허리끈용 리본 … 0.8cm 너비 X 35cm

BACK   FRONT

How to make 기모노 로브

1. 몸판 등중심과 섬 라인의 다트를 재봉하고, 시접을 한쪽으로 접는다. 옷깃이 펼쳐지지 않도록 옷깃의 선을 따라 홈질한다. 옷깃 시접의 곡선 부분에 가위집을 넣는다.
2. 소매와 몸판을 재봉해 합친다. 소매의 시접을 안쪽으로 접어 넣고 공그르기한다. 겨드랑이 트임(기모노 의상의 특징인 미야츠구치-움길이) 끝까지 옆선을 재봉하고 시접을 가른다. 소매 바닥~소맷부리까지 재봉하고 시접을 가른다.
3. 겉으로 뒤집는다. 아랫단과 섶단의 시접을 접어 겉에서 홈질한다. 옷깃의 시접 전체를 레이스로 감싸서 재봉한다.
4. 소맷부리와 겨드랑이 트임 부분의 시접이 고정되지 않았다면 겉에서 홈질한다. 소매통의 끝부분을 몇 차례 재봉해 고정하고, 겨드랑이 트임~소매 옆의 터진 부분을 막아준다. (원래 기모노는 여기를 재봉하지 않지만, 작은 인형들은 팔이 소매 속에서 많이 놀기 때문에 막아주는 것이 좋다.)

©Disney ©TOMY

발매 당시는 바비의 막내 여동생이었지만, 1999년에 아기인 크리시(Krissy)가 발매되자 밑에서 두 번째 동생이 되었습니다. 일본에서는 다른 여동생이 발매되지 않아서 귀여운 5살의 유치원 아이라는 설정이지만, 2006년 이후 미국에서는 좀 더 성장하고 팔다리가 날씬하게 뻗은 버전도 판매되고 있습니다. 15½인치(약 39cm)의 소피의 안아주기 인형이나 2004년 한 해만 발매된 '레몬 헤드'라는 가로로 긴 헤드의 괴짜 인형도 있습니다.

KELLY

Doll data

[인형명] 켈리
[회사명] 마텔 인터내셔널
[발매시작] 1995년
[주요소재] PVC
[모델] 잔디밭 놀이 켈리
[참고가격] 525엔

크기는 작지만 팔꿈치와 무릎, 배꼽과 가슴 등이 조형되어 작은 감동을 줍니다. 시즌 테마에 따라 남녀 친구 인형도 다수 발매되기 때문에, 한번 모으기 시작하면 대단한 여정이 될 것이란 게 수집가의 의견.

머리둘레 9.7cm
키 11.0cm
소매길이 3.0cm
어깨너비 1.9cm
밑아래 길이 3.0cm
발 길이 1.6cm

B : 5.7cm
W : 5.7cm
H : 6.6cm

Kelly
design by Yukari KYUSUKE

BACK   FRONT

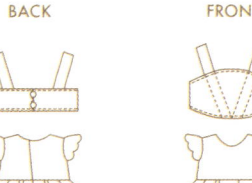

How to make 슬립
① 몸판(겉안) 2장을 합쳐, 뒤트임~목둘레를 재봉한다. 목둘레에 가위집을 넣고 겉으로 뒤집는다.
② 진동둘레에 가위집을 넣고 다리미로 접어준다. 진동둘레를 잘 펼치면서 레이스를 맞추고 손바느질로 감친다. (진동둘레를 펴 늘리면서 레이스를 붙이면 자연스럽게 레이스가 일어선다.) 옆선을 겉끼리 마주대고 재봉한다.
③ 치마의 아랫단을 접어주고, 레이스를 재봉해 붙인다. 허리둘레에 주름을 잡는다.
④ 몸판과 치마의 허리둘레를 재봉해 합치고, 시접은 아래로 눕힌다. 치마의 뒤트임 시접을 접어서 재봉하고, 트임을 제외한 뒤중심을 재봉해 합친다. 스냅 단추를 단다.

몸판 B (안쪽)
치마안쪽
아랫단을 꺾어 접고, 겉면에 레이스를 올려 재봉한다

How to make 드로어즈
① 허리둘레 부분의 다트와 턱 주름을 재봉하고, 다림질로 고정한다.
② 아랫단을 접고, 주름을 잡은 부분에 듬성듬성 재봉해서 4.5cm로 오그려준다.
③ 앞판 밑위를 재봉해 합치고, 허리둘레와 뒤트임을 접어 허리둘레를 재봉한다. 뒤판 밑위를 재봉한다.
④ 밑아래를 재봉해 겉으로 뒤집은 후, 스냅 단추를 달아준다.

재료(가로×세로)
슬립
□ 면 보일 생지(아사 면 60수 내추럴 생지—옮긴이) … 18cm × 18cm
□ 아랫단용 레이스 … 0.5cm 너비 × 20cm
□ 소맷부리용 레이스 … 0.8cm 너비 × 10cm
□ 스냅 단추 … 2쌍

드로어즈
□ 면 보일 생지 … 19cm × 12cm
□ 스냅 단추 … 1쌍

스테이스 (코르셋의 다른 표현—옮긴이)
□ 면 보일 생지 … 9cm × 4cm
□ 안감용 면 론(아사 면 60수 원단) … 9cm × 4cm
□ 면 테이프 … 0.5cm 너비 × 8cm
□ 비즈 … 직경 0.3cm × 2개

How to make 스테이스
① 겉감 안감을 겉끼리 마주대어 위아래를 재봉하고, 다림질로 정리한다. 장식용으로 상침 재봉한다.
② 슬립과 드로어즈를 입힌 인형에 맞추어, 끝이 맞닿도록 양쪽 뒤중심을 접어 재봉한다(겹치는 부분은 필요 없음). 오른쪽 단에서 2mm 위치에 진주 구슬을 달고, 왼쪽 단에 실 고리를 만들어준다.
③ 착장 위치를 확인하면서 어깨끈을 안쪽에 달아준다.

MIKI & MAKI

말괄량이 미키와 왼쪽 눈 아래 점이 있는 차분한 마카는 리카짱의 쌍둥이 여동생입니다. 발매 당시에는 아기였지만, 1987년에 3살의 아기가 탄생하면서 현재는 4살의 유치원 아이가 되었습니다. 현재 미카짱과 마카짱은 1987년 이래 4대째입니다. 1991년 이후에는 같은 형태의 보디를 사용해 제작된 친구 인형들이 다수 발매되고 있습니다.

Doll data

- [인형명] 미카짱 마카짱
- [회사명] 다카라 토미
- [발매시작] 1974년
- [주요소재] PVC
- [모델] 쌍둥이 여동생(말괄량이 미키짱, 차분한 마카짱)
- [참고가격] 각 1,050엔

B : 6.6cm
W : 6.3cm
H : 7.4cm

밸런스에 있어 켈리와 유사한 체형이지만, 팔다리를 쭉 뻗고 있어 더 어린 느낌이 납니다. 당연히 앉을 때도 다리를 활짝 벌리고 앉는데 그것 또한 귀엽습니다.

머리둘레 11.7cm
어깨너비 2.2cm
소매길이 2.9cm
키 10.5cm
밑아래 길이 3.1cm
발 길이 1.5cm

MIKI & MAKI
design by Sawako ARAKI

BACK   FRONT

재료 (가로×세로)

벌룬 캐미솔
- 니트지 … 35cm × 10cm (80데니어 정도의 타이츠를 이용하면 좋다)
- 모티브 레이스 (어깨끈용) … 9cm
- 모티브 레이스 (장식용) … 적당히
- 스냅 단추 … 3쌍
- 솜 … 적당히

팬츠
- 니트지 … 20cm × 6cm (80데니어 타이츠)
- 고무줄 … 적당히

모자
- 니트지 … 25cm × 12cm (80데니어 타이츠)
- 모티브 레이스 (장식용) … 적당히
- 고무줄 … 적당히

How to make 벌룬 캐미솔
1. 겉 몸판의 아랫단에 주름을 잡아준다.
2. 겉과 안 몸판을 합쳐서 아랫단을 재봉한다.
3. 뒤쪽 아랫단의 여분에 턱 주름을 잡고, 뒤중심~진동둘레 부분을 재봉한다. (앞쪽 위의 창구멍은 재봉하지 않는다.)
4. 겉으로 뒤집고, 겉감 앞쪽의 윗부분에 주름을 잡는다.
5. 어깨끈용 레이스를 몸판에 재봉해 달아준다. 이때 겉감과 안감을 함께 재봉해 합쳐주고 창구멍을 막는다. (막기 전에 벌룬 형태를 유지하기 위해, 솜을 조금 넣어주면 좋다.)
6. 뒤중심에 스냅 단추를 단다.
7. 원하는 위치에 모티브를 달아준다.

How to make 팬츠
1. 아랫단을 5mm 접고, 고무줄을 당겨가며 재봉한다.
2. 앞 밑위를 재봉해서 합친다.
3. 허리둘레를 5mm 접고, 고무줄을 당겨가며 재봉한다.
4. 뒤 밑위를 재봉해서 합친다.
5. 밑아래를 재봉한다.

How to make 모자
1. 모자 안쪽과 바깥쪽을 합쳐 가장자리를 재봉하고, 겉으로 뒤집는다.
2. 고무줄을 통과시킬 선을 재봉한다 (고무줄을 넣을 입구는 남긴다).
3. 고무줄을 통과시키고, 좋아하는 위치에 모티브 레이스를 단다.

MAME MOMOKO

모모코 돌의 야무진 모습에 사랑스러움을 더한 미니 사이즈 인형. 형태가 변형된 통통한 보디는 머리와 팔다리의 관절 부위만 움직입니다. 다른 미니 사이즈 인형들과는 달리 독자적인 콘셉트로 상품을 전개했지만, 2006년 5월 이후에는 모모코 돌의 소형 버전 라인도 추가되었습니다. 소형 버전 출시 전에는, 일부 콜라보 작업을 제외하고는 홍채와 별이 없는 검은 눈동자가 특징이었습니다.

Doll data

[인형명] 마메 모모코 (콩 모모코)

[회사명] 세키구치

[발매시작] 2004년

[주요소재] PVC

[모델] 쿠마짱 로리타 (곰돌이 로리타)

[참고가격] 1,680엔

ㄷ자 형태의 손, 자립용 구멍이 뚫린 발, 큐브릭 등의 피규어에 가까운 보디의 마메(콩) 모모코. 부속품인 말풍선을 머리와 손의 구멍에 넣을 수 있습니다.

키 8.5cm
머리둘레 11.2cm
소매길이 2.5cm
어깨너비 1.4cm
밑아래 길이 1.8cm
발 길이 1.2cm

B : 5.4cm
W : 6.2cm
H : 6.8cm

How to make 원숭이 롬퍼

1. 뒤판의 왼쪽 트임 안쪽에 접착심지를 붙인다. 소매와 몸판을 재봉해 합치고, 시접을 3mm 남기고 잘라준다.
2. 소맷부리와 목둘레~몸판 오른쪽 트임을 접는다. 소맷부리와 목둘레에는 재봉을 겸해서, 자수실로 2줄 백스티치를 해준다. 몸판 오른쪽 트임을 재봉한다.
3. 소매~옆선을 재봉해 합치고, 시접은 3mm로 자른다.
4. 아랫단을 접어 2의 방법대로 자수실로 재봉한다.
5. 밑아래를 재봉해서 합치고 겉으로 뒤집는다. 좌우 몸판의 뒤트임을 중심선에 맞추어 트임 끝 위치까지 재봉해서 합친다.
6. 밑바대를 만든다. 엽서 정도의 단단한 종이에 '밑바대 다림질 모양자'를 대고 베껴서 오려준다. 재단한 밑바대 천의 테두리를 듬성듬성 시침질해서 오그리고 다림질한다. 모양자를 끼운 채 그대로 둔다.
7. 아플리케 하듯이, 밑바대를 본체에 재봉해서 합쳐준다. 재봉 후에는 안쪽으로 뒤집어서 남은 시접을 잘라내고 풀림 방지 처리를 한다. 다림질 모양자를 꺼낸다.
8. 겉으로 뒤집고 뒤중심에 스냅 단추를 단다.

두꺼운 종이 등으로 밑바대 다림질 모양자를 만든다

가장자리를 재봉해 오그려서, 다림질로 모양을 잡아준다

몸판 B (겉면)
밑바대

좌우 몸판을 재봉해 합쳐준다

재료 (가로X세로)

원숭이 롬퍼
- 니트 타올지(흰색) … 16cm X 12cm
- 니트 타올지(분홍색) … 4cm X 5cm
- 얇은 단면 접착심지(실크 접착심지 —움직임) … 1cm X 3cm
- 스냅 단추 … 2개
- 분홍색 자수실

턱받이
- 더블 거즈 … 4cm X 5cm
- 면 테이프 … 0.5cm 너비 X 25cm
- 분홍색 자수실

mame momoko
design by Yukari KYUSUKE

BACK   FRONT

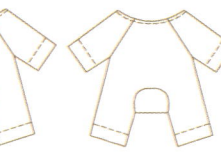

How to make 턱받이

1. 완성선대로 접어 가장자리를 자수실로 재봉한다.
2. 겉쪽에 면 테이프를 재봉해서 마감한다.

SYLVANIAN FAMILIES

인형의 집 놀이를 즐길 수 있는 의인화된 동물 인형 시리즈로 후로키 가공(털을 접착제로 하나하나 붙여서 벨벳의 촉감과 유사하게 만드는 방법—옮긴이)으로 만들어집니다. 숲에 둘러싸인 실바니아 마을에 사는 동물 가족이라는 설정으로, 동물의 종류는 시대별로 바뀌고 있습니다. 한 가족은 7개 내외의 인형으로 구성되며 아빠, 엄마, 남자아이, 여자아이 등은 같은 보디를 공유합니다. 동물의 종류는 달라도 기본적으로 착탈식 부속품은 공용입니다. 북미와 유럽에서도 발매되고 있지만 동물의 종류, 색깔, 크기 등이 일본판과는 약간 다릅니다.

B : 7.3cm　W : 7.4cm　H : 8.4cm

B : 6.5cm　W : 6.7cm　H : 7.0cm

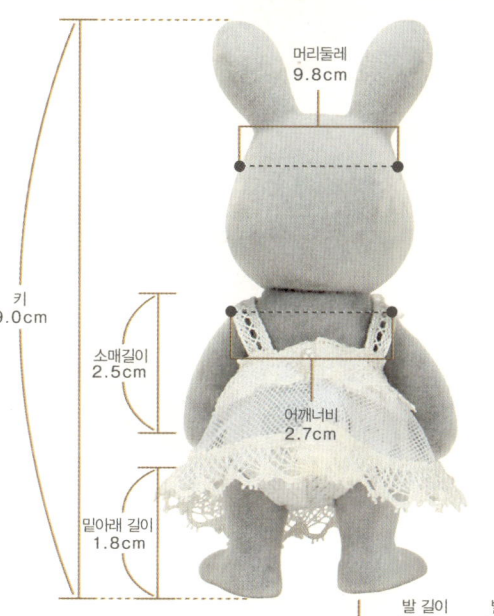

Doll data

[인형명]	실바니안 패밀리
[회사명]	에포크(EPOCH)
[발매시작]	1985년
[주요소재]	PVC
[모델]	솜 토끼 엄마 / 줄무늬 고양이 여자아이
[참고가격]	893엔 (솜 토끼 엄마)
	683엔 (줄무늬 고양이 여자아이)

소프트 비닐 같은 소재의 한쪽 면에 후로키 가공이 된 친숙한 시리즈. 밤낮으로 갖고 놀다 보면, 기모가 빠져서 반들반들해집니다. 토끼와 고양이 외에도 개, 양, 다람쥐, 곰 등 다양한 동물이 있고, 기모라서 이염이 될 걱정은 없습니다.

Sylvanian Families
design by LOVESOUND

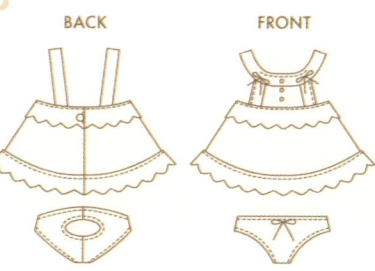

BACK　　FRONT

BACK　　FRONT

재료 (가로 X 세로)

캐미솔 원피스 엄마용
- 레이스 니트 원단 … 7cm X 4cm
- 네트지(망사 원단—옮긴이) … 10cm X 5cm
- 레이스 … 0.5cm 너비 X 13cm
- 레이스 … 1cm 너비 X 27cm
- 비즈(뒤트임 단추) … 직경 0.4cm X 1개
- 비즈(장식 단추) … 직경 0.15cm X 3개
- 테이프(장식 리본용) … 0.1cm 너비 X 적당히

쇼츠 엄마용
- 레이스 니트 원단 … 8cm X 4cm
- 테이프(장식 리본용) … 0.1cm 너비 X 적당히

material 재료 (가로 X 세로)

올인원 여자아이용
- 레이스 니트 원단 … 8cm X 5cm
- 레이스(테두리용) … 0.6cm 너비 X 15cm
- 레이스(앞단 장식용) … 0.5cm 너비 X 2.3cm
- 테이프(어깨끈) … 0.3cm 너비 X 18cm
- 비즈(장식 단추) … 직경 0.15cm X 3개
- 테이프(장식 리본용) … 0.1cm 너비 X 적당히

How to make 캐미솔 원피스 엄마용
① 위 몸판의 양 옆단, 윗단의 순서로 레이스(0.5cm 너비)를 상침 재봉으로 고정한다.
② 어깨끈의 끝이 위 몸판 뒤쪽에 오도록 시침질한다.
③ 아래 몸판, 레이스(1cm 너비)의 순서대로 위 몸판의 붙일 위치에 얹어, 상침 재봉한다.
④ 아래 몸판의 아랫단에 레이스(1cm 너비)를 상침 재봉한다.
⑤ 아래 몸판 뒤의 시접을 접어 상침 재봉한다.
⑥ 뒤 트임에 비즈(직경 0.4cm)와 실고리를 달아준다.
⑦ 장식용 비즈나 리본을 달면 완성.

How to make 올인원 여자아이용
① 위 몸판의 중심에 레이스(0.5cm 너비)를 상침 재봉으로 고정한다.
② 위 몸판에 어깨끈을 시침질한다.
③ 위 몸판의 상단, 아래 몸판의 허벅지 둘레에 테두리 레이스(0.6cm 너비)를 상침 재봉으로 고정한다.
④ 위아래 몸판을 합친다.
⑤ 4의 시접을 아래로 접고 상침 재봉으로 고정한다.
⑥ 뒤중심, 밑아래를 재봉하고 리본, 비즈나 달면 완성.

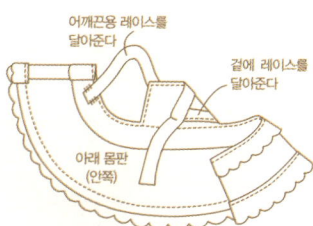

어깨끈용 레이스를 달아준다
옆에 레이스를 달아준다
아래 몸판 (안쪽)

How to make 쇼츠 엄마용
① 각 트임 부분의 시접을 접고, 상침 재봉한다.
② 뒤중심을 재봉한다.
③ 밑아래를 재봉한다.
④ 장식용 리본을 달면 완성.

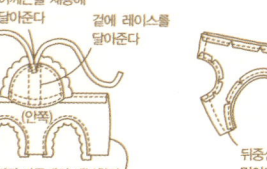

어깨끈을 재봉해 달아준다
옆에 레이스를 달아준다
뒤중심을 겉끼리 마주대어 재봉한다

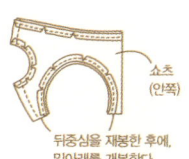

쇼츠 (안쪽)
뒤중심을 재봉한 후에, 밑아래를 재봉한다

© 2008 EPOCH CO., LTD All Rights Reserved.

각 인형의 신발이 호환되는지 알기 위해 일일이 착용시켜 보았습니다. 양말을 신지 않은 상태에서 계측하고, 수지 재질의 발에는 베이비파우더를 뿌리고 신겼습니다. 신발을 만드는 PVC나 합성피혁의 상태, 또는 개별 인형에 따라 차이가 있을 수 있으니 테스트 결과는 참고로만 활용하세요. 또 PVC 재질의 신발을 수지 소재의 발에 무리하게 신길 경우, 이염의 가능성이 있으니 주의하세요. 구두의 파손이나 염색 트러블은 제작자나 본 책의 편집부가 책임질 수 없으니 양해 바랍니다.

【AZONE】1. 25부츠●2,625엔, 2. 25스트랩 슈즈●1,575엔/PN, PL, BL, FN, SH, AN, FR, JE, MO, UQL, WT, SP, LC, NH, TB, UN, LN, 느슨하게DL. 3. 8홀 부츠●2,100엔. 4. 리본 샌들●1,470엔. 5. 고무창●1,700엔. 6. 하이 컷 스니커즈 L411●2,415엔/PN, BL, FN, SH, AN, FR, JE, MO, UQL, WT, SP, LC, NH, TB, UN, LN. 리본 샌들 이외 PL, DL, 느슨하게 BB, NU 【ANNZ】. 게다(일본 나막신) [코튼 슈가]●12,800엔 D/AN, BL, FN, SH, FR, JE, MO, UQL, WT, SP, LC, NH, TB, UN, LN 【BARBIE】1~4. 쇼트 부츠, 로힐, 펌프스, 하이힐 [모드 슈즈 액세서리]●1,575엔 S/BB, PL, BL, FR, SP, MO, WT, DL, 5~9. 부티, 스트랩 슈즈, 쇼트 부츠, 샌들, 하이힐 샌들 [2008 신발 & 액세서리 패션]●각 577엔 S/BB, BL, PL, DL, 10~11. 샌들, 뮬(BMOL 바르셀로나 바비)●12,600엔 D/BB, BL, PL, DL, 12. 쇼트 부츠 [BFMC 뉴요커]●8,900엔 S/BB, PL, BL, DL. 13. 뮬 [BFMC Tout De Suite : 골드라벨 실크스톤 바비의 한 모델 이름-옮긴이]●6,930엔 D/BB, BL, PL, DL 【B.I.C】1. DSW 블랙 스티치 부츠●2,520엔. 2. DSW 플라워 부츠●2,520엔/PL, BL, FN, SH, AN, FR, JE, MO, UQL, WT, SP, LC, NH, UN, LN. 3~5. 하이힐, 스파이크 힐 오픈 토 [드레스 메이커 오뜨꾸뛰르 슈즈 팩]●2,300엔 S/BB, BL, PL, DL, 6. 레이스 업 샌들●2,480엔/BL, FN, SH, AN, FR, JE, MO, UQL, WT, SP, LC, NH, TB, UN, LN. 느슨하게PL, DL. 7. DSW 캔디 컬러 플라워 쇼트 부츠●630엔/PL, BL, SP, DL 【BLYTHE】1~5. 웨스턴 부츠, 니 하이 부츠, 클래식 슈즈, 하트 슈즈, 하이 컷 스니커즈 [스텝 인 타임]●1,344엔 S/BL, FN, BB, SH, AN, FR, MO, UQL, WT, SP, LC, NH, UN, LN. 느슨하게PL, DL 【DAL】부츠 [Furara]●8,400엔 D/DL, PL, BL, FN, BB, SH, AN, FR, MO, UQL, WT, SP, LC, NH, TB, UN, LN 【Fashion Royalty】1. 샌들 [페인티드 블랙]●31,500엔. D. 2. 부츠 [긴자 럭셔리 키요리]●24,000엔. D. 3. 뮬 [lavish shoes lace]●6,900엔 S. 4. 참고 상품. 5~6. 하이힐, 펌프스, 하이 컷 스니커즈 [스텝 인 타임]●119,000엔 D/PL, BL, NU, FN, BB, SH, AN, FR, MO, UQL, WT, SP, LC, NH 【TINY KITTY COLLER】1~2. 펌프스, 샌들 [타이니 키티 주스]●4,500엔 S/PN, JE 【FRnippon】1. 부츠 [온 더 코디 스테이네이션 런던]●23,100엔. D. 2. 세퍼레이트 패션 부츠●2,400엔. 3. 부츠 [퍼펙트 인 파리]●14,700엔. D. 4. 펌프스 [Patent Please]●13,230엔. D. 5. 세퍼릿

108

【AZONE】1. 60크로스 벨트 슈즈●2,940엔/HA, 13, SD, DD, AI, EM, 느슨하게 SDC, MSD, 빡빡하게 UQO. 2. 60샌들●2,835엔/HA, DD, EM, 조금 느슨하게 SDC, MSD. 3. 60러버 솔●2,415엔/HA, DD, EM, SDC, 빡빡하게 AI, 4. 60레이스 업 부츠●3,150엔/HA, DD, SDC, MSD, MDD, KA, UQ, EM, LJ, 빡빡하게 AI 【AI】1. sbd-05●2,500엔/AI, SD, 13, 느슨하게 DD, HA, 빡빡하게 UQO 【Little Junior】1. sld-02 black ribbon maryjane●4,500엔/LJ, LD, 느슨하게 PA 【Petite AI】1.spd-15●4,500엔/YSD, LD 【OBITSU】1. 60SH-F001W-G 하이힐(자석 붙은)●945엔/HA, 16, DD, 13, SD 【YO-SD】1. SB-YOSD-015●3,990엔/YSD, 조금 느슨하게 LD, PA. 2. SB-YOSD-019●3,990엔/YSD 【MSD】1. SB-MSD-085●3,150엔/MSD, SDC, MDD, KA, EM, 느슨하게 UQ, 빡빡하게 PA. 2. SB-MSD-087●5,250엔/MSD, SDC, MDD, KA, UQ, LD, EM, 빡빡하게 HA, PA. 3. SB-MSD-058●6,090엔/MSD, SDC, MDD, KA, UQ, EM, PA, LD, 빡빡하게 HA 【SD】1. SB-SD-095●4,200엔/SD, 13, DD, AI, HA. 2. SB-SD-105●5,460엔/SD, 13, AI, 느슨하게 DD, HA. 3. SB-SD-110●5,800엔/SD, 13, DD, AI, HA 【SD16】1. SB-16G-005●3,990엔/16, DD, 2. SB-SD16G-003●6,090엔/16, SD, HA, AI, 3. SB-SD16G-002●5,040엔/16, DD, HA, AI, 빡빡하게 UQO

SIZE

moof.1

Ball jointed Doll AI.1

KELLY.1

TINY BETSY McCAll.1

DOLLCENA.1

PETITE BLYTHE.1

moof.2

ODECO&NIKKI.1

mame momoko.1

mame momoko.2

moof.3

TINY BETSY McCALL.2

【BALL Jointed Doll AI】1.로퍼[Sanbitalia]●15,750엔 D/PL、BL、FN、SH、AN、FR、MO、UQL、WT、DL、SP、LC、NH、TB、ON、UN、LN、PF、KL、MK 【Kelly】1. 스니커즈[잔디밭 놀이 켈리]●525엔 D/KL、MK 【Dollcena】1.루즈 웨스턴 부츠 [파이리트 어드벤처]●2,625엔 D/LP、PB、DC 【mamemomoko】1.요트 부츠 [곰 로리타]●1,680엔 D/MM. 2. 병아리 발[mame momoko☆닭]●1,680엔 D/MM、ON 【Odeco & Nikki】1. 부츠 [핫팬츠의 오데코짱]●8,900엔 D/ON、PL、BL、SH、AN、FR、MO、UQL、WT、DL、SP、NH、LN、PF 【쁘띠 브라이스】1. 부츠 [달콤한 마법의 스칼렛]●2,835엔 D/PB、DC 【Tiny Betsy McCall】1. 천으로 만든 스트랩 슈즈 [Basic Betsy～2003]●7,875엔 D/TB、BL、FN、SK、SH、AN、FR、MO、UQL、WT、SP、LC、NH、ON、UN、LN、PF、느슨하게 PL、DL. 2. 스트랩 슈즈 [Basic Betsy]●8,190엔 D/TB、BL、FN、SK、SH、AN、FR、MO、UQL、WT、SP、LC、NH、ON、UN、LN、PF、느슨하게 PL、DL 【LINO】1. 빨간 구두●1,029엔. 2. 검은 부츠●1,260엔. 3. 푸른 구두●1,029엔/LN、PL、BL、FN、SK、SH、AN、FR、MO、UQL、WT、DL、SP、LC、NH、TB、ON、UN、PF

□ 표기 방법 예시
SD16:SuperDollfie® 16／UQ0:Unoa Quluts ZERO／HA:HARUKA（OBITSU60）／DD:DollfieDream®／SD13:SuperDollfie® 13／SD:SuperDollfie®／AI:The AI／EM:Emily／MDD:Mini DollfieDream®／SDC:SuperDollfie® Cute／MSD:Mini SuperDollfie®／KA:Kaiko／UQ:Unoa Quluts／UQ2:Unoa Quluts 2nd／LJ:Little Junior／PA:Petite AI／YSD:Yo Super Dollfie®／TW:Tyler Wentworth／PL:Pullip／BL:Blythe／NU:Nu Face／FN:FR nippon MISAKI／BB:Barbie／SK:Sakurana／SH:SAHRA／AN:Annz／FR:Francie／JE:Jenny／MO:momoko／LD:Living Dead DOLLS／UQL:Unoa Quluts Light／WTG:Who's that Girl?／DL:DAL／PN:Pureneemo／SP:Skipper／LC:Licca／NH:nano HARUKA／TB:Tiny Betsy McCall／ON:Odeco & Nikki／UN:una／LN:LINO／EM:Emerald／PF:Pocket Fairy／LP:Little Pullip／PB:Petite BLYTHE／DC:Dollcena／KL:Kelly／MK:MIKI & MAKI／MM:mame momoko／SL:Sylvanian Families

□ 표기 방법 예시
【업체 또는 인형명】1. 신발의 명칭[상품명(D나 S의 경우)]●가격 D(※)/PL、BL…(이 신발을 신을 수 있는 인형의 약칭) ※D、S에 대하여: 게재한 신발에는 3가지 패턴의 상품이 있습니다.
가격 뒤에 'D'가 붙어 있는 것: 인형에 세팅되어 있는 신발, 가격 뒤에 'S'가 붙어 있는 것: 신발 세트 중 1개, 가격이 표기되어 있는 것: 신발 단품

□ 신발 테스트 총평
M 사이즈: 브라이스나 제니 등 수지로 만든 발보다, 모모코 푸리프 등 ABS 재질의 발이 좀 더 미끄러지는 경향이 있습니다. 신발은 PVC 소재보다 천이나 합성피혁으로 만든 제품이 좀 더 자유롭습니다. 참고로 PVC 소재의 신발은 주위 온도와 환경에 따라 유연성이 변합니다. 미지근한 물이나 드라이어의 온풍을 접하면 부드러워졌다가, 식으면 굳어집니다. 어떻게든 신고 싶다면 이런 방법도 가능합니다. 다만 온랭을 반복하면 파손되기 쉬우므로 주의하세요. 사실 테스트를 하면서, 신발을 무리하게 신기려 하다가 몇 켤레가 파손되었습니다. 무리는 금물입니다.
L 사이즈: 인형에 따라 발 사이즈와 차이가 있는 L 사이즈의 경우, 조금 헐렁한 것들은 양말을 신는 것을 고려해 '신을 수 있다'고 판정하는 등, 조금 느슨하게 기준을 적용했습니다.
S 사이즈: 작은 인형이지만 신발 자체는 M 사이즈와 다르지 않게, 의외로 폭이 넓은 것으로 밝혀졌습니다. 또한 쁘띠 브라이스의 구두는 엄청나게 작다는 것을 새삼 깨달았습니다.

BLYTHE / PETITE BLYTHE
TAKARATOMY E-REVOLUTION CWC

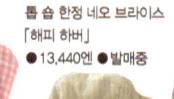

네오브라이스 세트 「메이빌 메이」 ●4,410엔 ●발매중

톰 숍 한정 네오 브라이스 「해피 하버」 ●13,440엔 ●발매중

CWC 한정 네오 브라이스 「하트 오브 몽마르트」 ●16,590엔 ●발매중

네오 브라이스 「나다 샤무아」 ●10,290엔 ●발매중

쁘띠 브라이스 드레스 세트 「호피티 홉」 ●1,575엔 ●발매중

네오 브라이스 / 다카라 토미 – 고객상담실
도쿄도 가츠시카구 다테이시 7-9-10 03-5650-1031 (평일 10:00~17:00)
쁘띠 브라이스 / E 레볼루션
도쿄도 치요다구 간다와모토초 2 03-3251-1901 (평일 10:00~17:00)
이벤트 등 / 크로스 월드 커넥션즈(CWC) 도쿄도 시부야구 사루가쿠초 4-3 2F

쁘띠 브라이스 「제레미 매킨토시」 ●3,150엔 ●발매중

쁘띠 브라이스 「Sqiggly Squirrel」 ●2,625엔 ●발매중

네오 브라이스 「캉캉 캣」 ●10,290엔 ●발매예정

CWC 한정 네오 브라이스 「프레코셔스 캔디스 머시룸」 ●14,490엔 ●발매예정

※ 디자인은 최종 사양과 다르게 변경되는 경우가 있습니다.

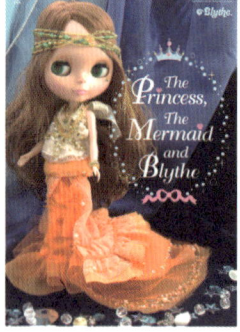

CWC BOOK 「Me & My Blythe」 ●1,680엔 ●발매중 ●그래픽사 발행

브라이스 팬과 팬 소유의 포트레이트가 가득 실린 1권

The Princess, The Mermaid and Blythe

[프린세스, 인어와 프라이스]
고베 마루이에서 '이야기'를 주제로 한 전시회 개최. 인기 브랜드가 '인어공주' 등을 이미지화한 브라이스를 스타일링. 인기 프로그램 [Variety Fair]도 동시 개최.

[일시] 4월 25일(금)~5월 11일(일)
평일 11:30~20:30
일·공휴일 11:00~20:00

Blythe Charity Auction

[브라이스 자선 경매]
6주년 기념행사에서 전시, 발표된 브라이스들을 자선 경매에서 손에 넣을 수 있는 찬스! Yahoo! Auction에서 4월 21일부터 6월 22일까지 9차례 출품됩니다. 스케줄은 공식 사이트에서 체크!

◀ Agatha와 Christian Lacroix가 참여한 럭셔리한 브라이스가 계속 등장

▼ 주목받는 도쿄 패션으로 세계의 주목을 모으고 있는 「고스 로리」 브랜드가 내놓은 브라이스들. 신주쿠 마루이 이벤트에서 발표된 「앨리스」 모티브의 작품이 다시 등장합니다.

Heart E / MIHO MATSUDA / KERA magazine / SEXY DYNAMAITE LONDON

Emily Temple cute / BABY, THE STARS SHINE BRIGHT / Angelic Pretty / h.NAOTO

SUPER LOVERS / PEACE NOW / Victorian maiden

Once Upon A Wonder World
Blythe 7th Anniversary Charity Exhibition
6/28~7/5

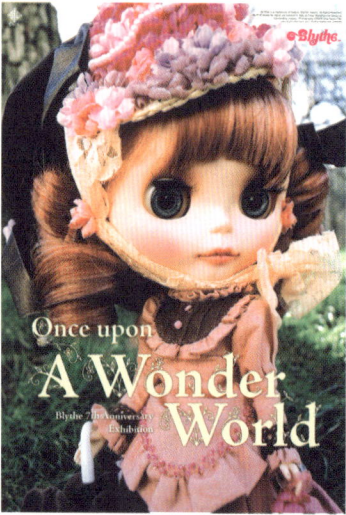

[네오 브라이스 7주년 기념 자선 전시회 6/28~7/5]
네오 브라이스 탄생 7주년 기념행사가 올해에도 오모테산도 힐즈에서 개최. 올해 주제는 '이야기'. 「빨강 머리 앤」 「헨젤과 그레텔」 등 친숙한 동화를 주제로, 인기 패션 브랜드나 제작자들이 브라이스를 스타일링 합니다. 또 제3회 브라이스 뷰티 콘테스트의 세미파이널 리스트 작품도 전시되므로 행사장에서 투표에 참여할 수 있습니다.

※ 112~118P 상품 정보, 행사 내용 등은 2008년 4월 기준이므로 실제 상황과 다를 수 있습니다. 참고로만 활용하세요

마텔 인터내셔널
도쿄도 다이토구 히가시 우에노 2-7-6 히가시 우에노 가빌딩 2F

BARBIE
MATTEL

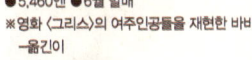

아무로 나미에의 CM으로 낯익은 비달 사순이 바비와 컬래버레이션! [프리미엄 비달 사순 상품] 또는 [비달 사순 스타일링 상품]을 구입하고 응모하면, 추첨을 통해 각 300분에게 CM(60년대 New Look 편, 70년대 Rock Steady 편)의 스타일링을 재현한 바비를 드립니다. [SATC]나 [프라다를 입은 악마]를 담당하는 세계에서 가장 바쁜 스타일리스트가 된 패트리샤 필드 모델의 바비를 얻을 수 있는 기회입니다.

Fashion×
Music×
Vidal Sassoon×
Barbie

●응모 마감●
1기: 6월 15일, 2기: ~8월 15일, 3기: ~10월 15일
●문의●
캠페인 사무국 03-5726-2945
(평일 10:00~17:00)
마텔 인터내셔널 03-55807-2040
(평일 10:00~16:00)

[그리스 걸스 어소트먼트: 댄스 오브 샌디 바비]
●5,460엔 ●6월 발매
※영화 《그리스》의 여주인공들을 재현한 바비 —윤긴이

[그리스 걸스 어소트먼트: 댄스 오브 리조(Rizzo) 바비]
●5,460엔 ●6월 발매

[그리스 걸스 어소트먼트: 댄스 오브 프렌치 바비]
●5,460엔 ●6월 발매

[타리나 타란티노 바비]
●11,550엔 ●6월 발매

[캠퍼스 스위트하트 바비]
●7,245엔 ●발매중

[키모라 리 시몬즈 바비]
●8,190엔 ●발매중

[마이멜로디 바비]
●5,040엔 ●발매중

바비 패션모델 컬렉션
[2월의 핑크]
●14,490엔 ●발매중

TEXT BOOK for doll's dress

[TEXT BOOK for doll's dress 미츠바치 게이토 ~바비를 위한 15개의 소품(통상판, 키트판)]
●발매 호비재팬 ●통상판 2,400엔, 키트판 3,400엔 ●출시 예정 ●A4판

이번 호에서도 신작 드레스를 발표한 낯익은 인형옷 디자이너 미츠바치 게이토, 미츠바치 선생이 가르치는 도큐 세미나 작품집 중에서 특히 바비를 위한 드레스를 모아 작품집을 발간합니다. 15가지 스타일에 40개가 넘는 아이템의 실제 사이즈 패턴과 제작 방법, 신작 드레스 [Intrigue]의 패턴과 제작 전 과정을 찍은 해설이 있는 HOW TO 수록! 통상판 외에 [Intrigue] 드레스 키트 부록이 실린 특별판도 준비했습니다.

[미츠바치 게이토 1/6 패션 드레스]

통상 강좌(전 6회, 총 3작품): '50년대 미국'을 주제로, 밝은 컬러와 무늬를 사용한 원피스 스타일 3점(29cm 크기) 제작.

단기 강좌(전 2회, 총 1작품): 레트로 모던풍의 주름 원피스(20cm 크기) 제작.

[일시] 통상: 4월~9월 매달 셋째 주 화요일 18:30~21:00
단기: 4월, 5월 매달 넷째 주 화요일 18:30~21:00
[장소] 도큐 세미나 BE시부야 학교
[문의] 도큐 세미나 BE시부야 학교 03-3477-6277 http://www.tokyu.co.jp/be/index.htm

[Bar-B 재봉교실]
왕초보도 가능한 수업으로, 크기와 디자인은 매달 바뀝니다.
개최일, 크기, 디자인 등은 사이트를 체크하거나 직접 문의해주세요.
[일시] 매월 일요일·휴일에 비정기 개최 12:30~17:00
[장소] CAFE BAR-B (도쿄도 고이와)
[문의] CAFE BAR-B 03-5612-3982 http://www1.odn.ne.jp/barbiefashion/
※수업뿐 아니라 수시 견학도 가능합니다.
중고생(단, 보호자의 허락을 받아주세요)이나 남성의 참여도 환영! 편하게 문의해주세요.

메일 매거진 [미츠바치 게이토의 양재 통신]
http://www.mag2.com/m/0000260282.html
수업 일정이나 이벤트 공지·신작 정보를 제공하고 있습니다.

반다이 어패럴 사업부
도쿄도 다이토구 고마가타 1-4-8 / 03-3847-5091
http://www.sakurana.jp

SAKURANA
BANDAI

[사쿠라 X Shamrock Air.]
●각 15,000엔 ●4월 발매
당고머리, 금발, 흑발의 3종류.
손목과 발목 2종의 부속품.

©2008 Mattel,Inc.,All Rights Reserved. ©BANDAI ©Shamrock Air.

VOLKS

보크스 고객센터
교토 시모교구 이노쿠마도리 다카츠지 사가루 츠치야초 311
075-813-1171(평일 11:00~18:00)

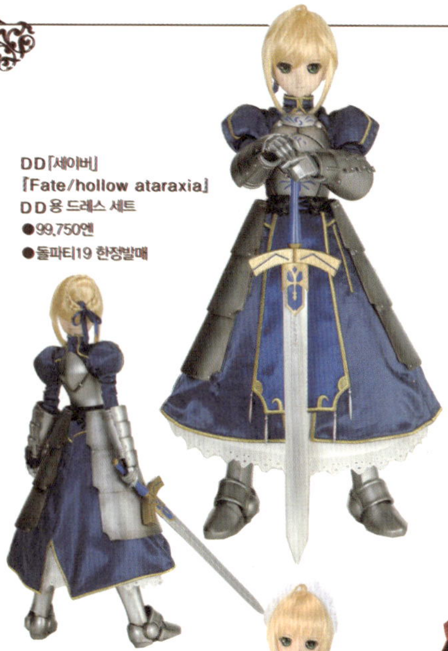

DD「세이버」
『Fate/hollow ataraxia』
DD용 드레스 세트
●99,750엔
●돌파티19 한정발매

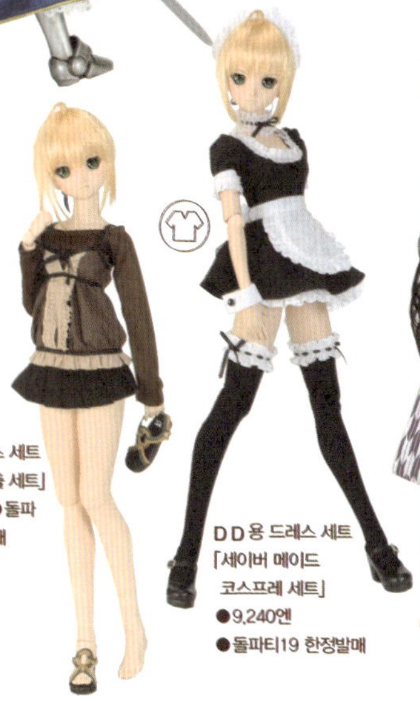

DD용 드레스 세트
「세이버의 외출 세트」
●9,240엔 ●돌파티19 한정발매

DD용 드레스 세트
「세이버 메이드 코스프레 세트」
●9,240엔
●돌파티19 한정발매

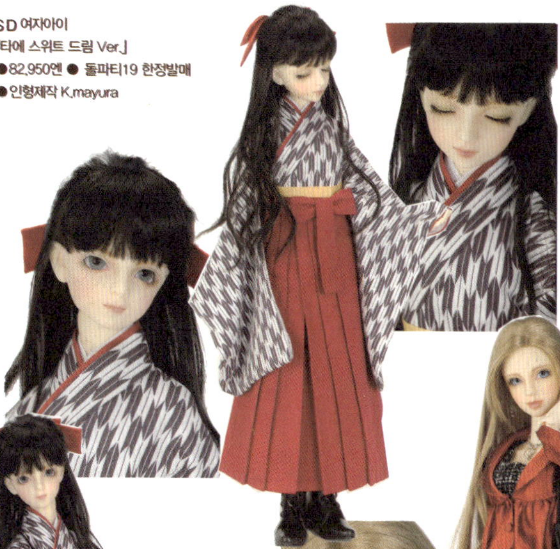

SD 여자아이
「타에 스위트 드림 Ver.」
●82,950엔 ● 돌파티19 한정발매
●인형제작 K.mayura

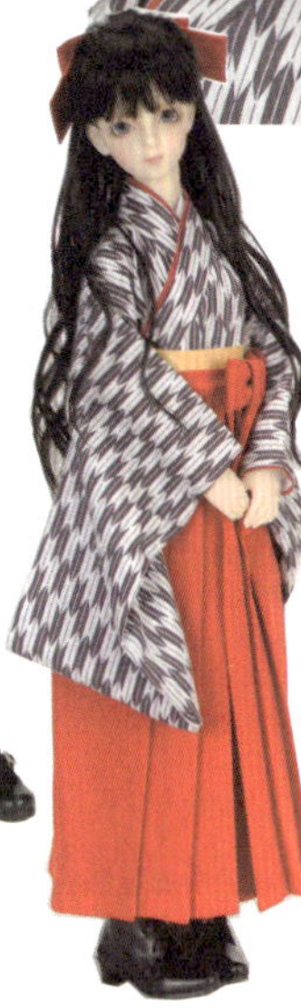

SD 여자아이
「타에」
●82,950엔
●돌파티19 한정발매
●인형제작 K.mayura

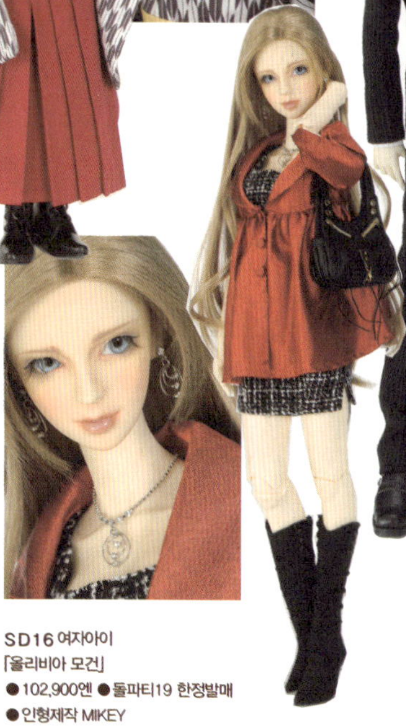

SD16 여자아이
「올리비아 모건」
●102,900엔 ●돌파티19 한정발매
●인형제작 MIKEY

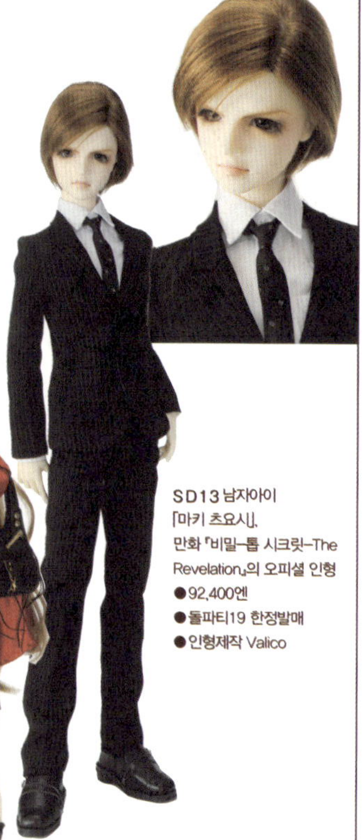

SD13 남자아이
「마키 츠요시」
만화 『비밀-톱 시크릿-The Revelation』의 오피셜 인형
●92,400엔
●돌파티19 한정발매
●인형제작 Valico

[인형파티 19 애프터 이벤트]
전국의 보크스 쇼룸, 천사의 집, 천사의 마을, 웹, 통신판매에서 개최(천사의 집과 천사의 마을은 보크스사에서 운영하는 인형 쇼룸, 전시관, 숍의 이름-옮긴이)

FULLCHOICE NEW LINEUP

2008년 봄판엔 풀 초이스로 신규 헤드가 등장했습니다. 이것들은 '천사의 마을'에서만 주문할 수 있습니다.

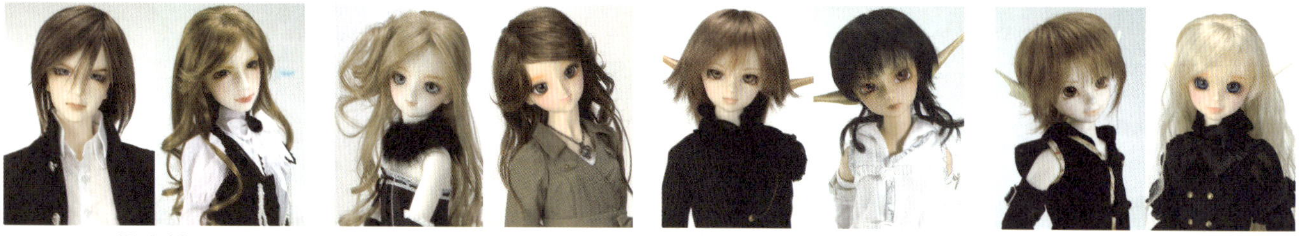

SD-F-38: 노멀 피부 / 화이트 피부
SD-F-37: 화이트 피부 / 노멀 피부
MSD-F-22: 노멀 피부 / 선탠 피부
MSD-F-21: 화이트 피부 / 노멀 피부

AZON INTERNATIONAL

『새벽녘보다 유리색의 -Brighter than dawning blue-』
미츠루가사키 대학 부속 가타리나 학원 여자 교복 세트
●8,400엔 ●발매중

『FORTUNE ARTERIAL』
센도 에리카
●56,000엔 ●발매 예정

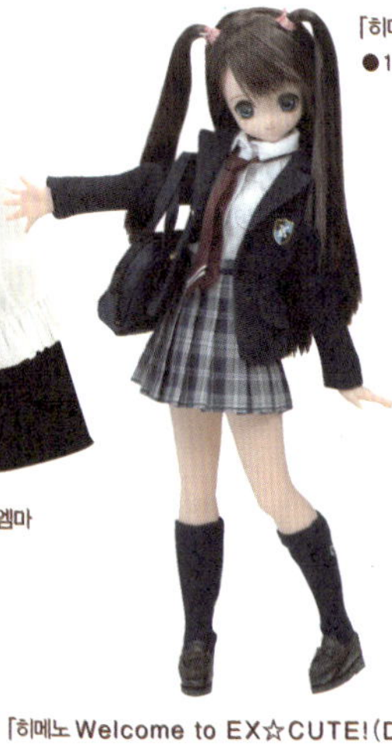

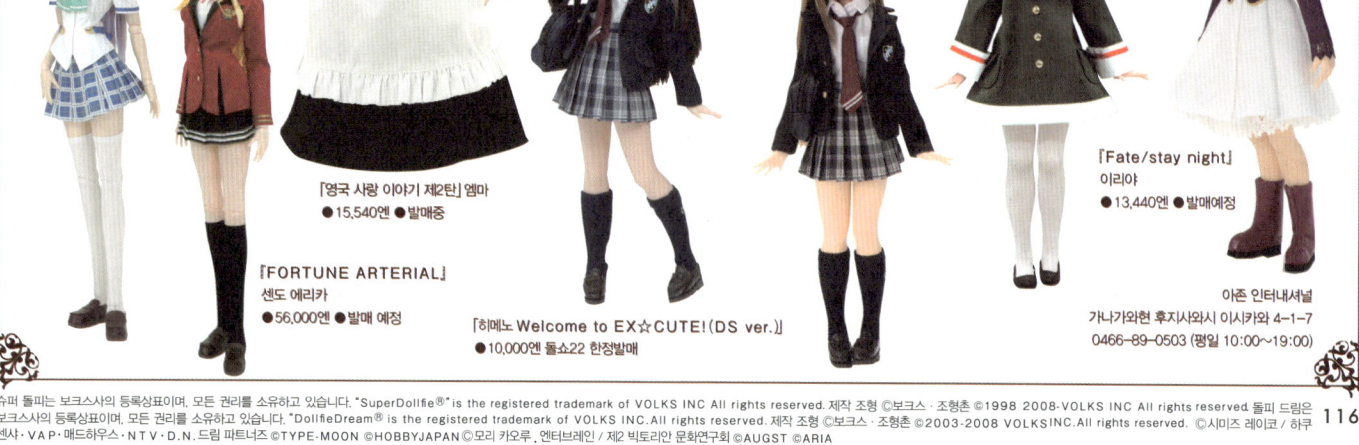

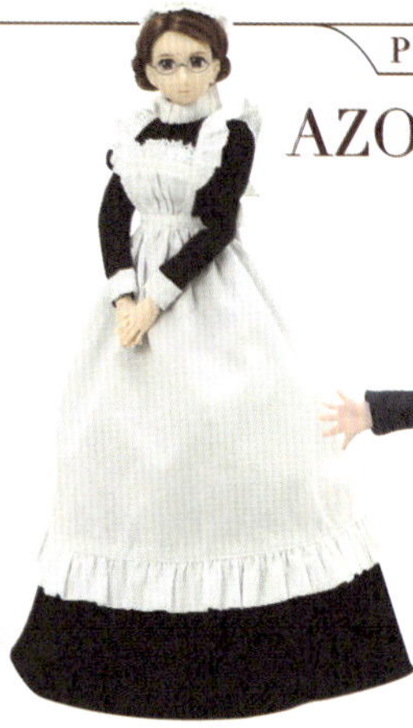

「영국 사랑 이야기 제2탄」 엠마
●15,540엔 ●발매중

「히메노 Welcome to EX☆CUTE!」
●10,500엔 발매중

「히메노 Welcome to EX☆CUTE!(DS ver.)」
●10,000엔 돌쇼22 한정발매

『마법의 해병대원 비쿠세루 마리탄』
●14,700엔 ●발매중

『Fate/stay night』
이리야
●13,440엔 ●발매예정

아존 인터내셔널
가나가와현 후지사와시 이시카와 4-1-7
0466-89-0503 (평일 10:00~19:00)

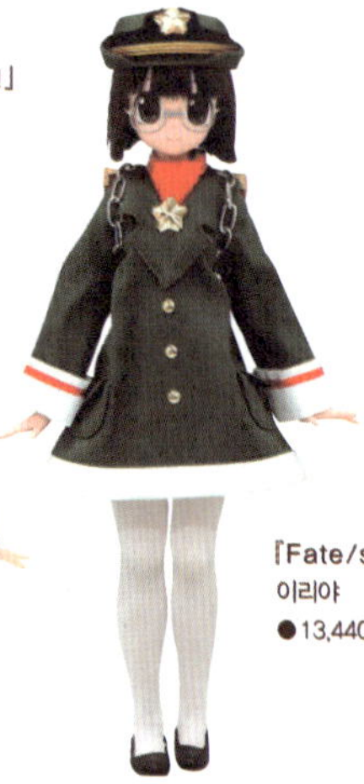

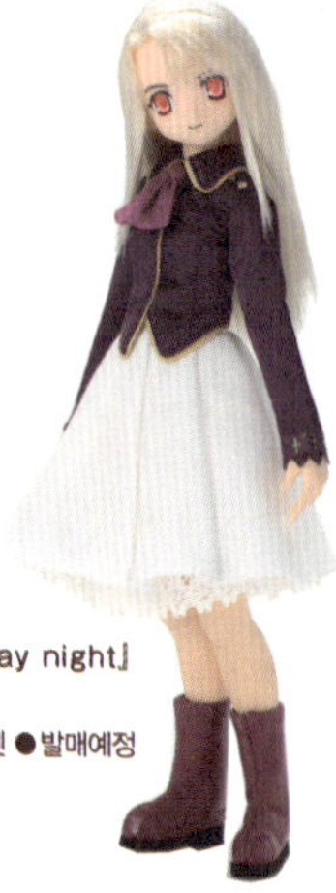

FASHION ROYALTY
INTERGRITY TOYS

BIC
지바현 지바시 주오구 원내 1-2-8 가와카미 빌딩 1F
043-225-5751 (평일 11:00~18:00)

나탈리아 파랄
「핫 프로퍼티」
● 19,800엔 ● 5월 발매

유지니아 프로스트
「모스트 디자이어드」
● 22,000엔 ● 5월 발매

이샤 「퍼플 포즈」
● fashionroyalty.com
공식 사이트 한정 발매

바네사 펠링
「컬러 테라피」
● 19,800엔 ● 5월 발매

다리우스 레이드
「플레잉 잇 쿨」
● 14,900엔 ● 7월 발매

(왼쪽부터)
키요리 「퀵 실버」
● 12,900엔 ● 발매중
아옐 마케다 「골드 스트로크」
● 12,900엔 ● 발매중
루치아 Z 「글리머」
● 12,900엔 ● 발매중
바네사 「메탈 메이븐」
● 12,900엔 ● 발매중

아유미. N
「런던 바이 나이트」
● 14,900엔 ● 5월 발매

콜렛. D
「로스트 엔젤」
● 14,900엔 ● 5월 발매

에일린. S
「크래시 컨트롤」
● 14,900엔 ● 5월 발매

루카스. M
「록 링 마스터」
● 14,900엔 ● 5월 발매

피에르 드 브리
「레디 스릴러」
● 14,900엔 ● 7월 발매

Dollybird Exclusive!!

Fashion Royalty "Queen V" Gift Set
퀸 V 선물세트

본지 표지 모델인 Queen V(퀸 베로니크)를 본 잡지상에서 한정 판매합니다. 전용 응모 엽서에 주소, 성명 등 필요한 정보를 잘 기입하고, 우표를 붙여서 보내주세요. 엽서는 1통에 한 번 응모됩니다. 또한 제한 수량을 넘어서는 경우에는 추첨으로 진행됩니다. 구입 권한이 있는 분에게는 가까운 곳에 있는 [BIC]에서 구입 방법을 알려 드립니다. 추첨 결과 문의에는 답을 할 수 없으니 미리 양해 바랍니다.

상품명	FR Dollybird Exclusive 「Queen V」
가격	34,000엔 (세금포함)
한정 수량	450세트
상품 내용	채색된 ABS제 인형 1개, 드레스, 페티코트, 란제리 세트, 액세서리, 구두
메이커	제조원 INTEGRITY TOYS. 수입원 BIC
택배비	전국 동일 800엔
지불 방법	은행 송금 또는 신용카드 결제
응모 마감	제1차 마감 200세트 당일 소인 유효 제2차 마감 250세트 당일 소인 유효 (※1차에서 추첨 탈락했을 경우에는 2차에서 다시 추첨합니다.)

※ 판매는 종료되었습니다.

©2007 Integrity Toys, Inc. and JWU LLC. All rights reserved.

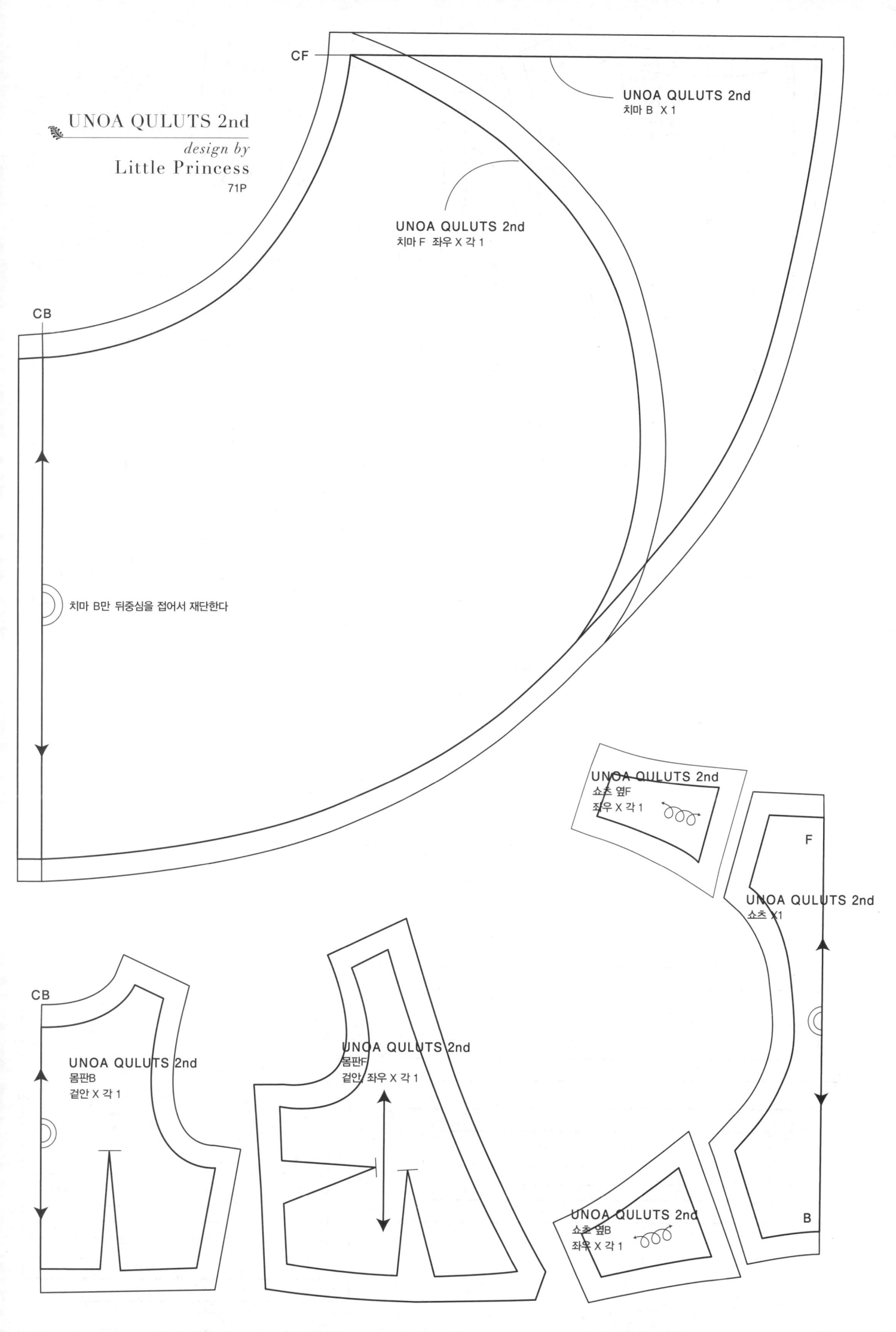

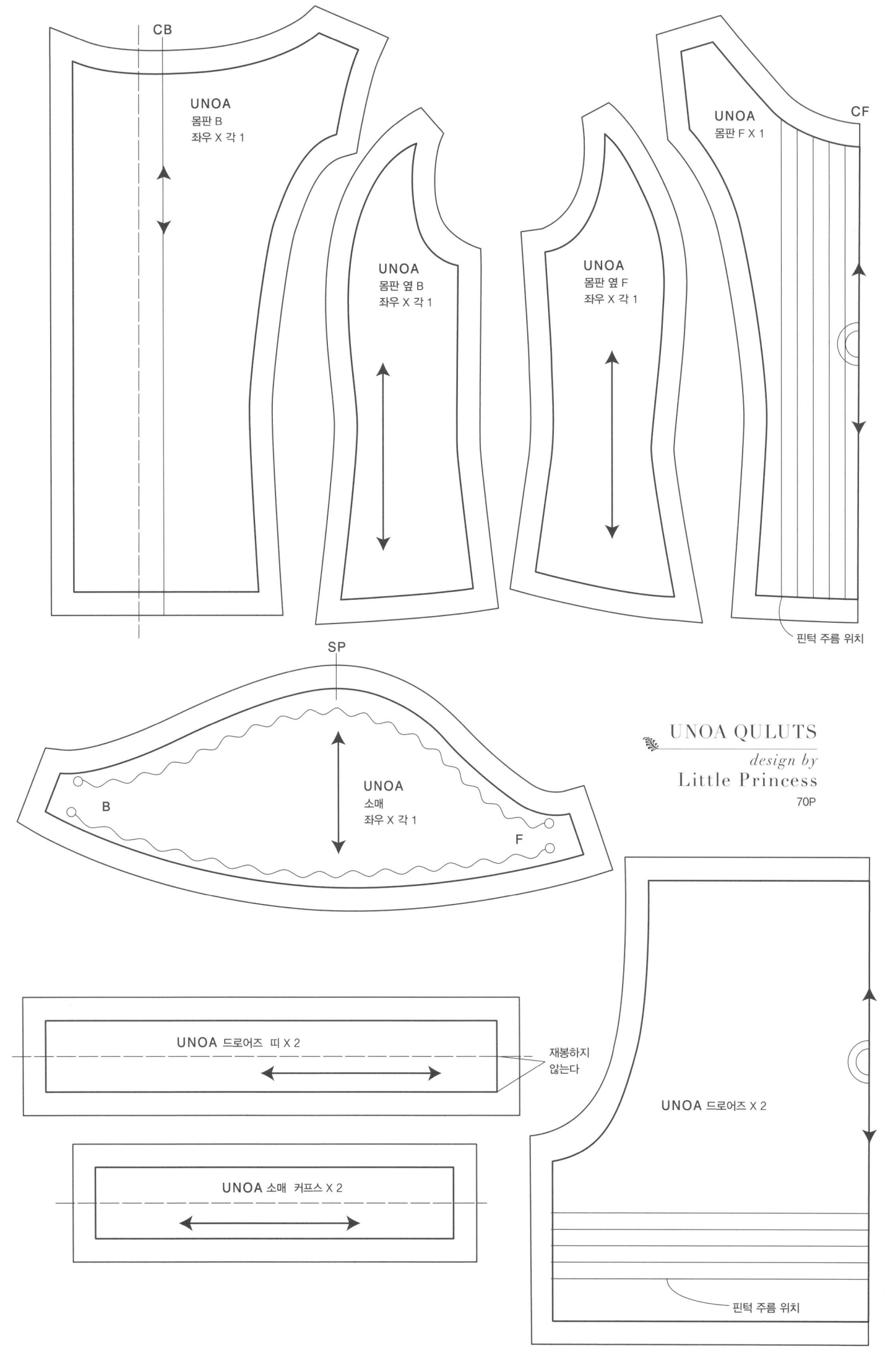

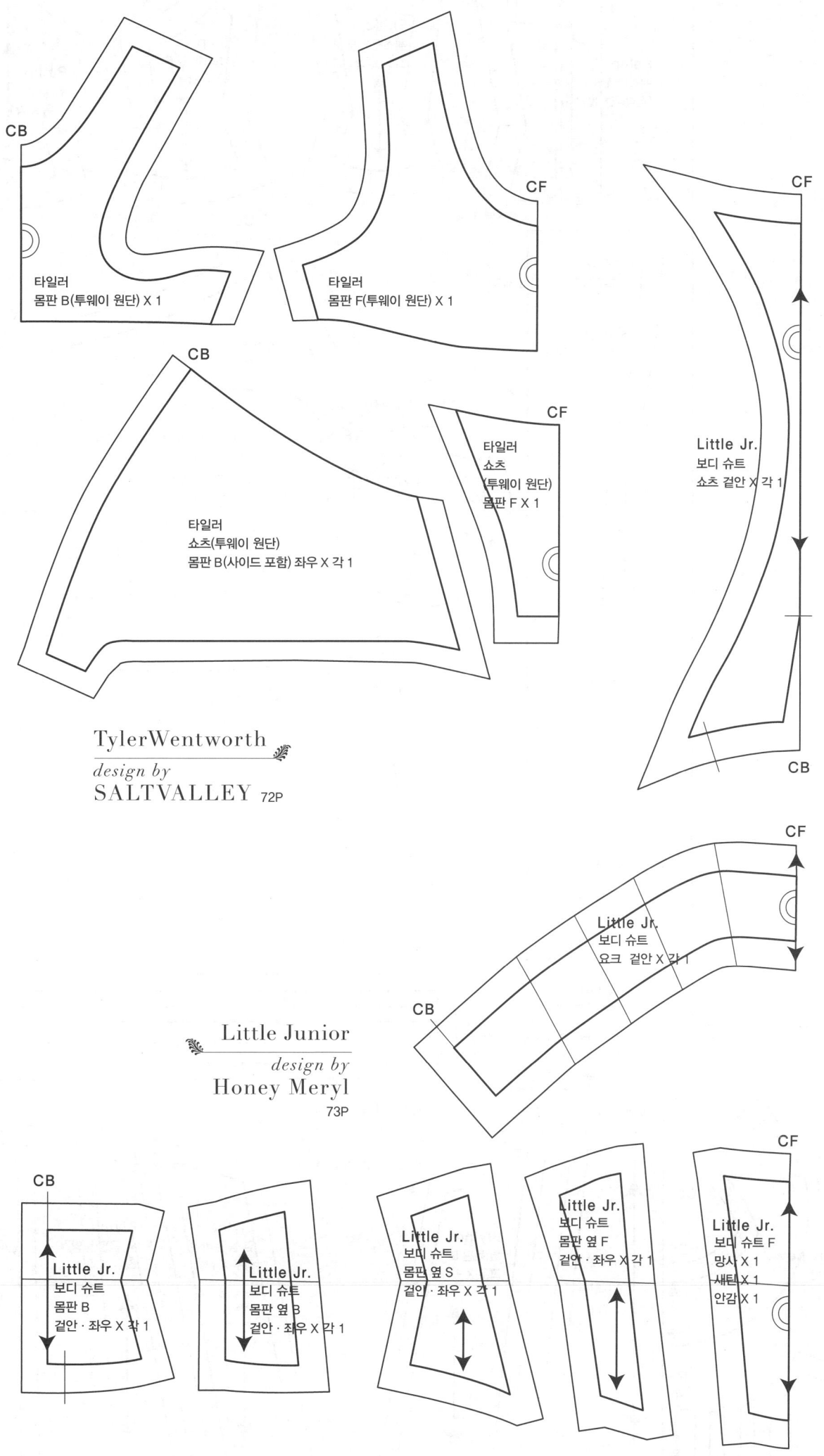

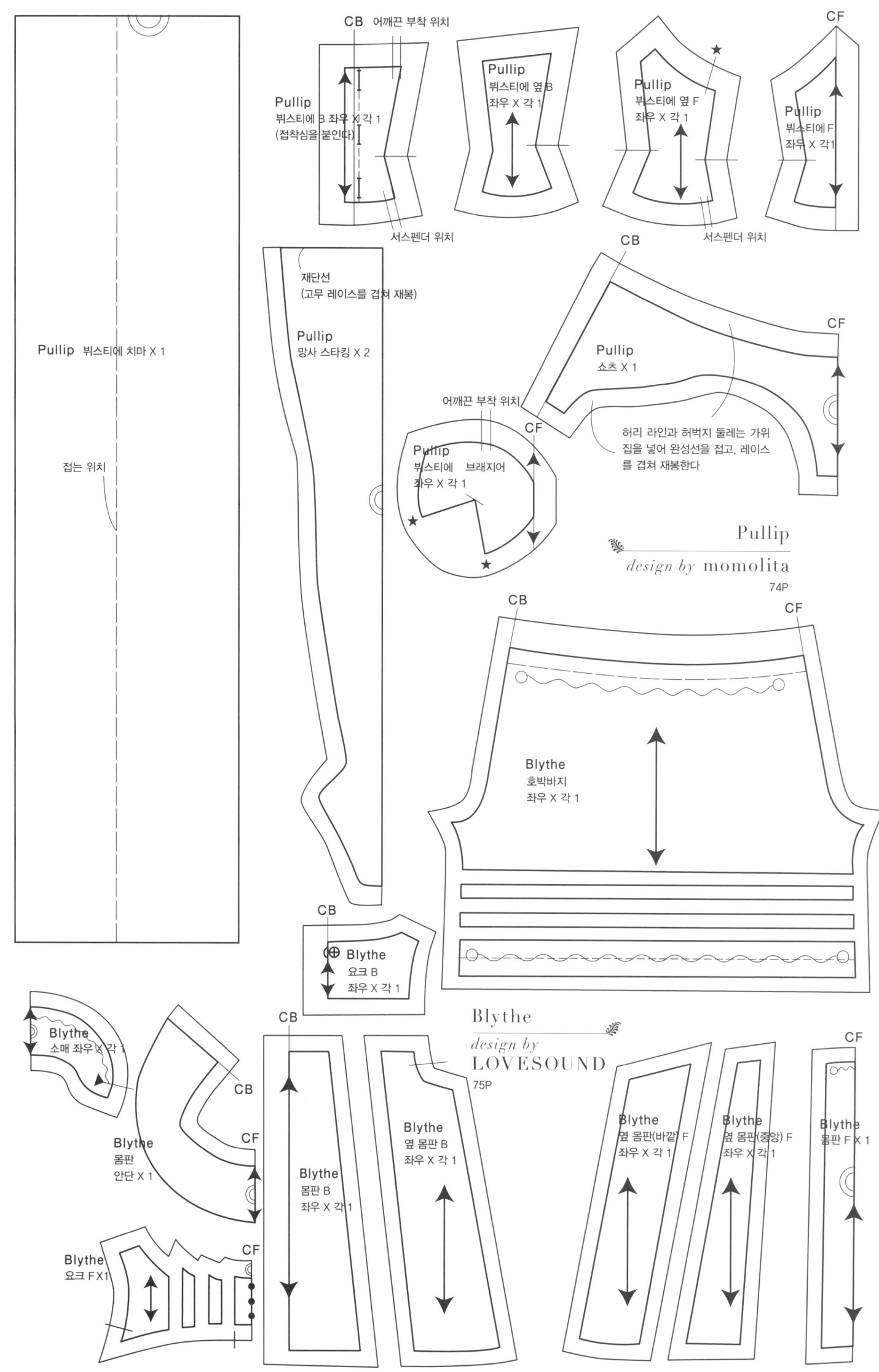

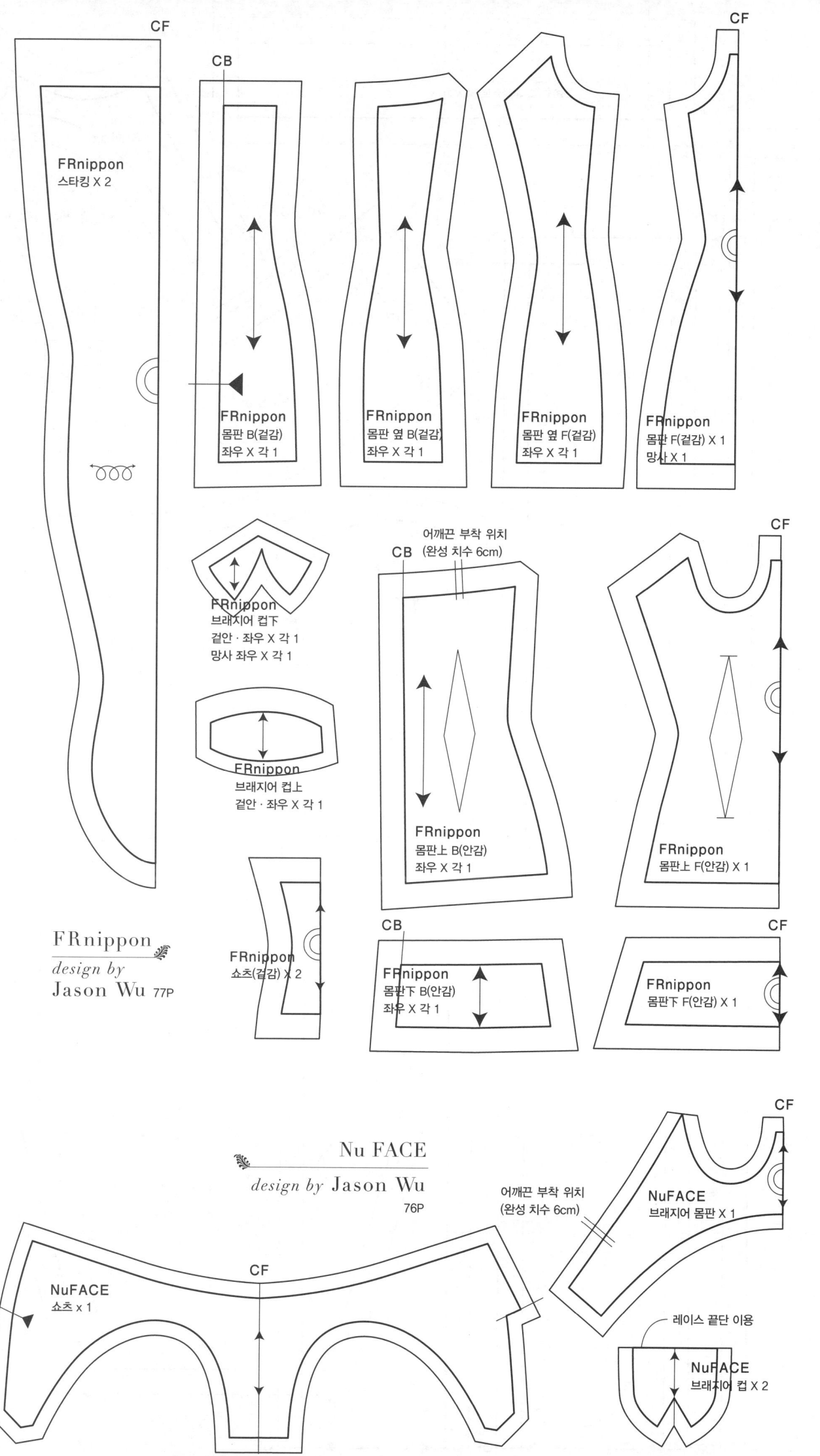

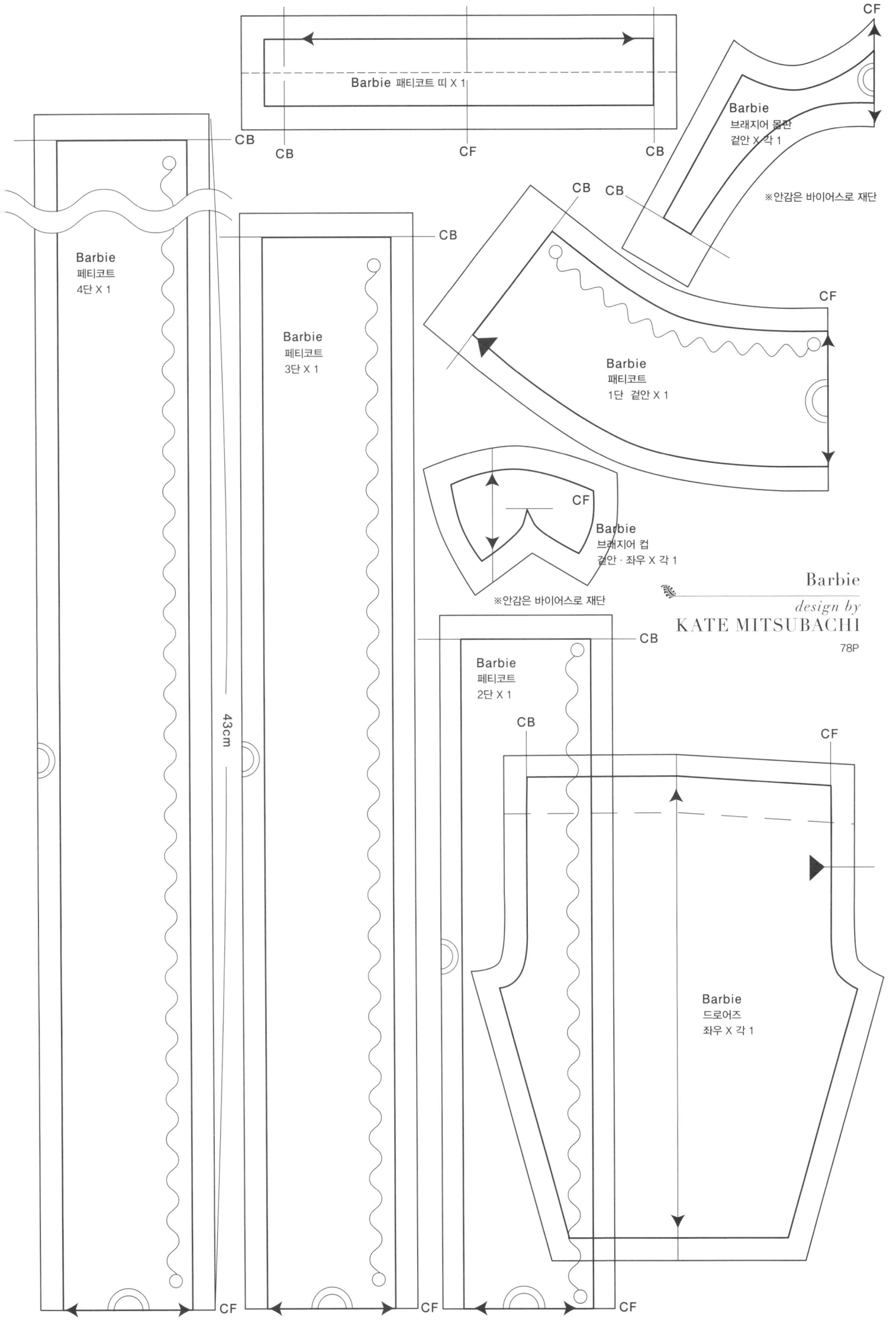

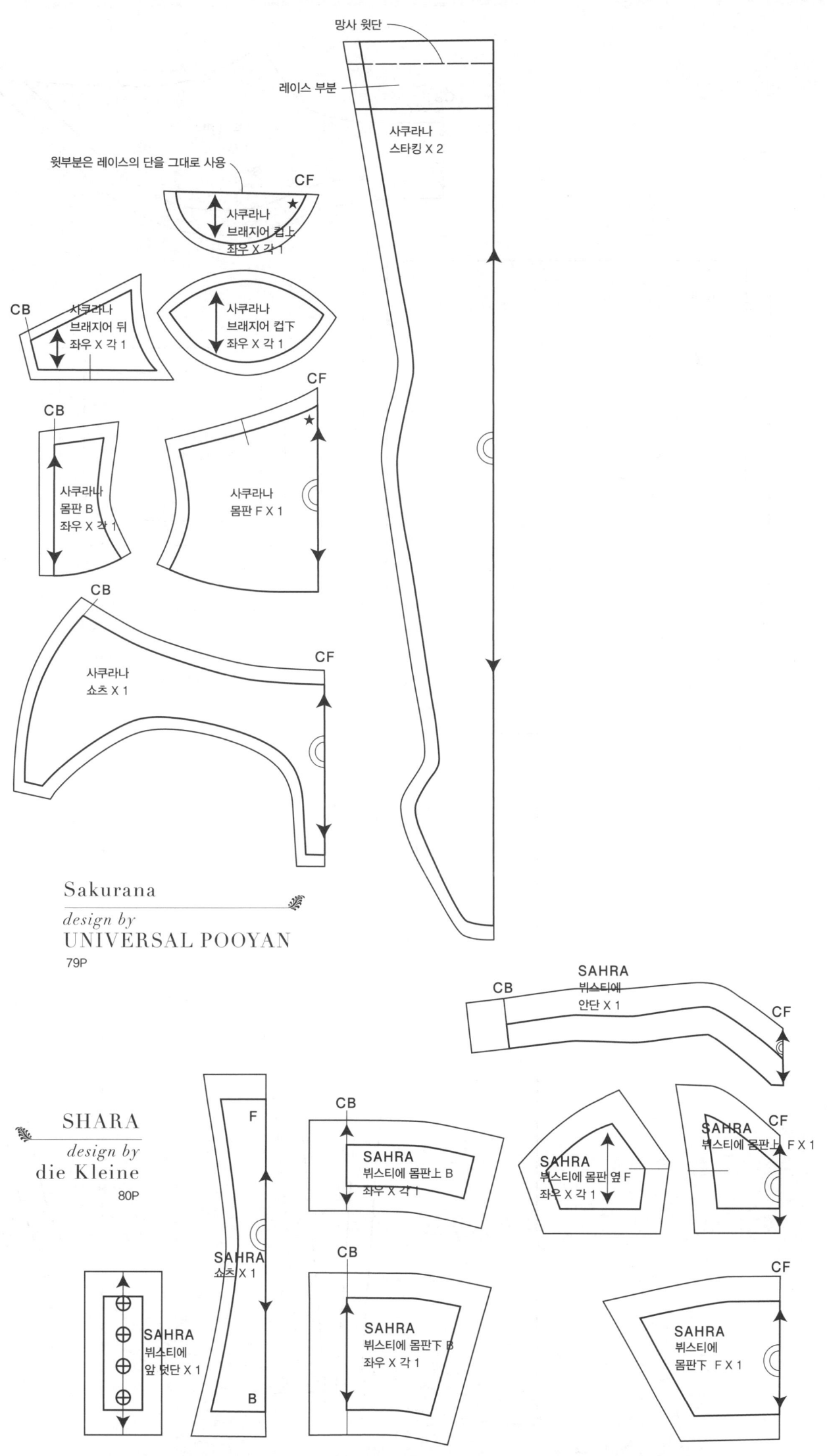

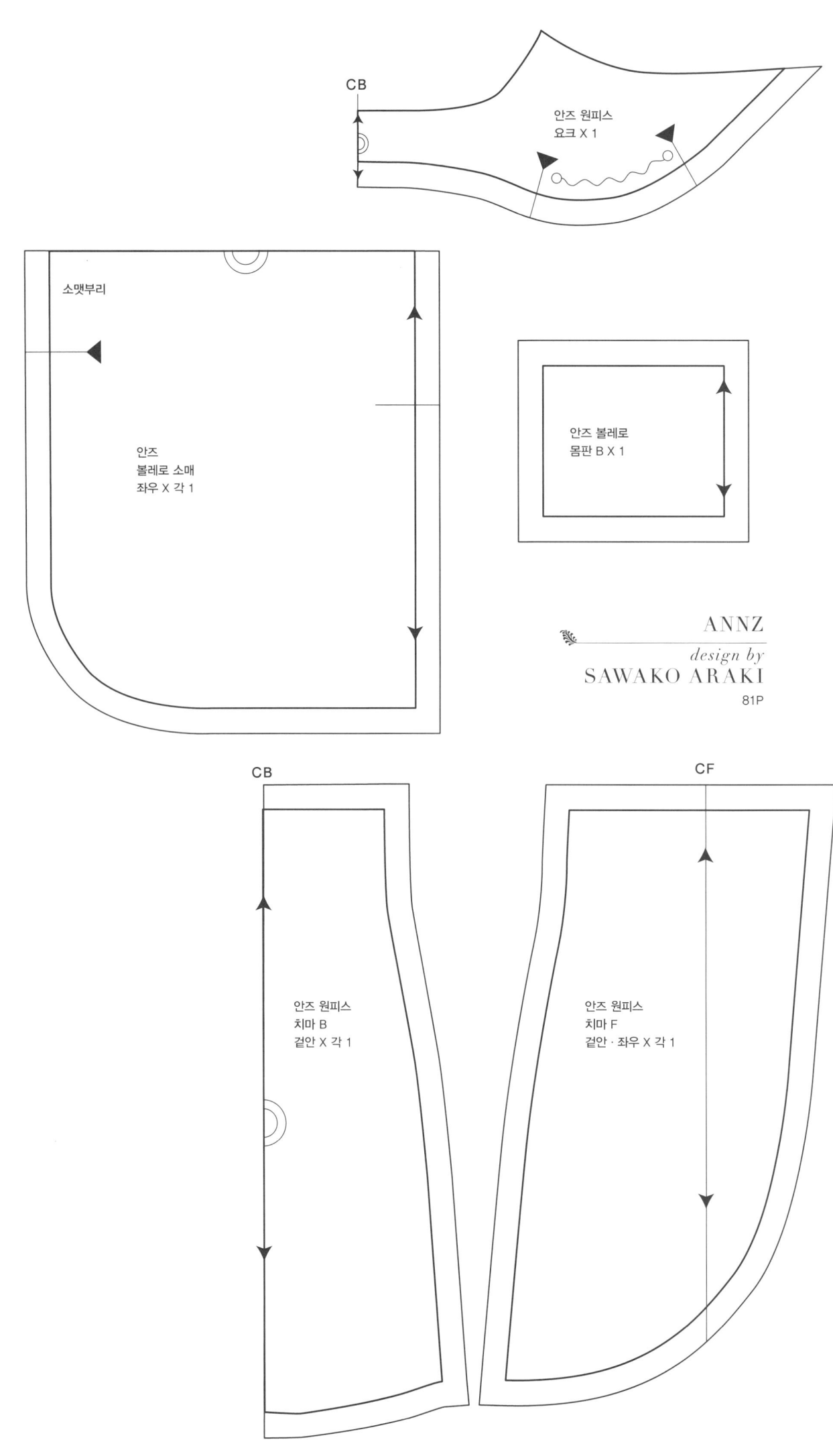

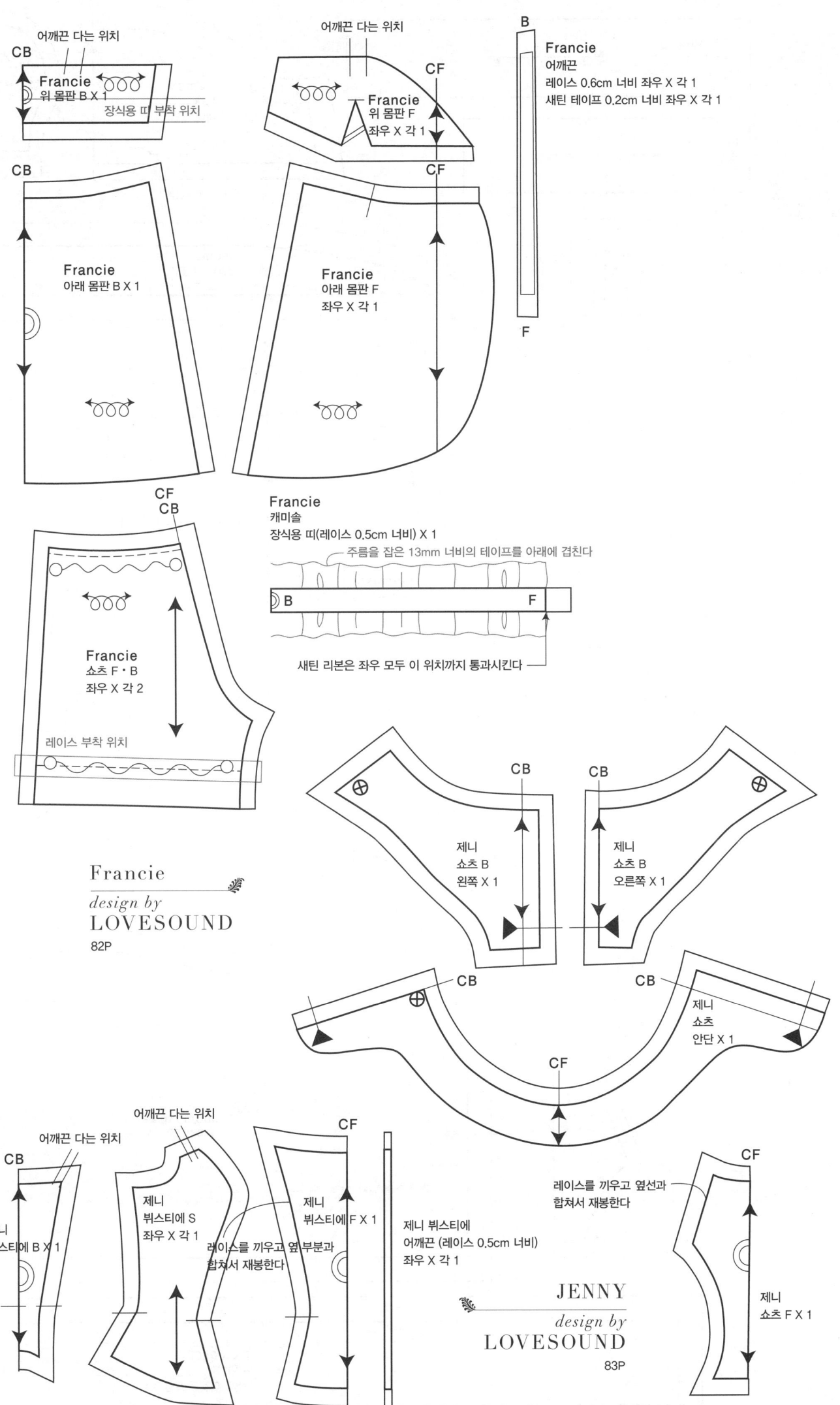

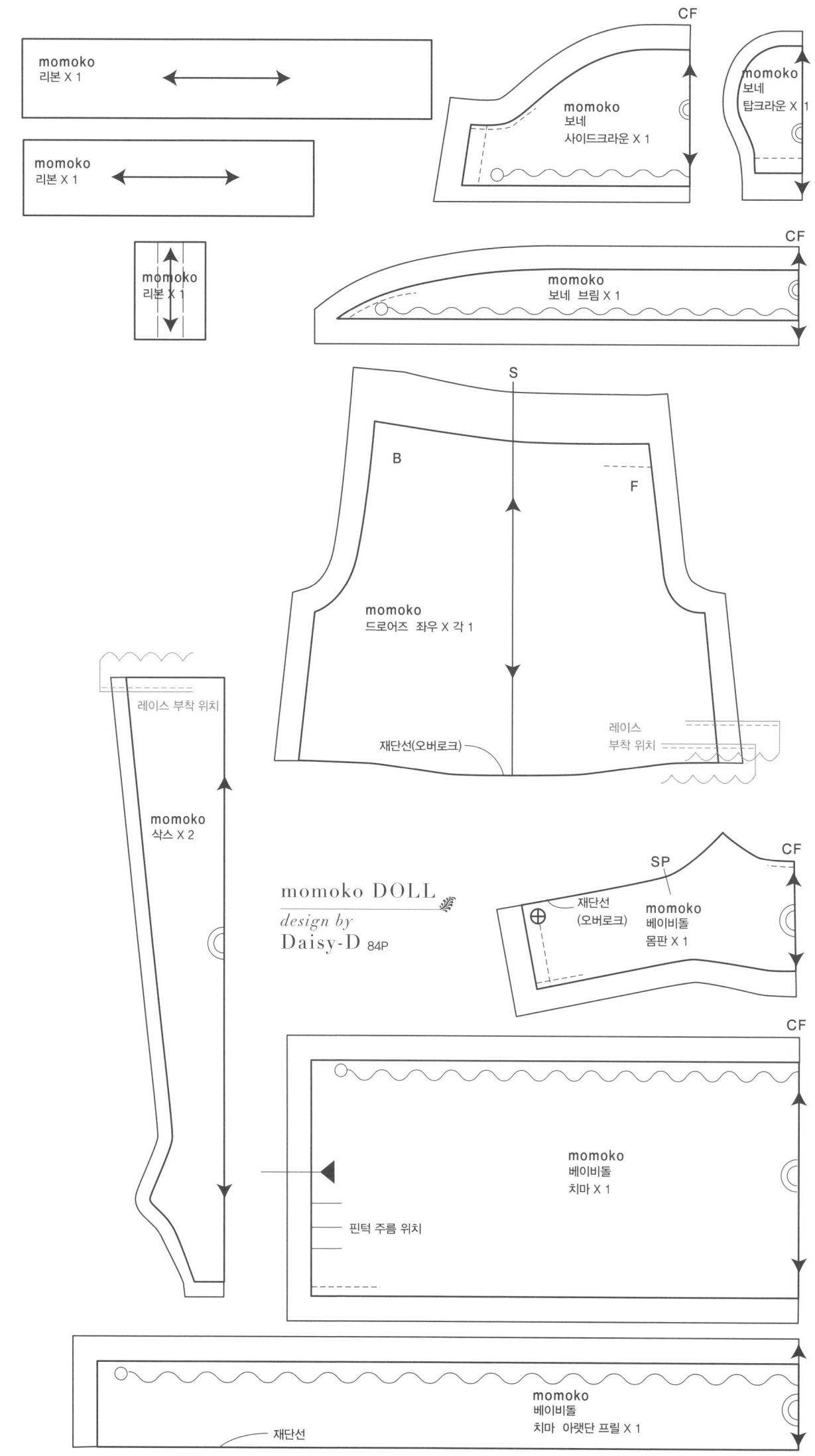

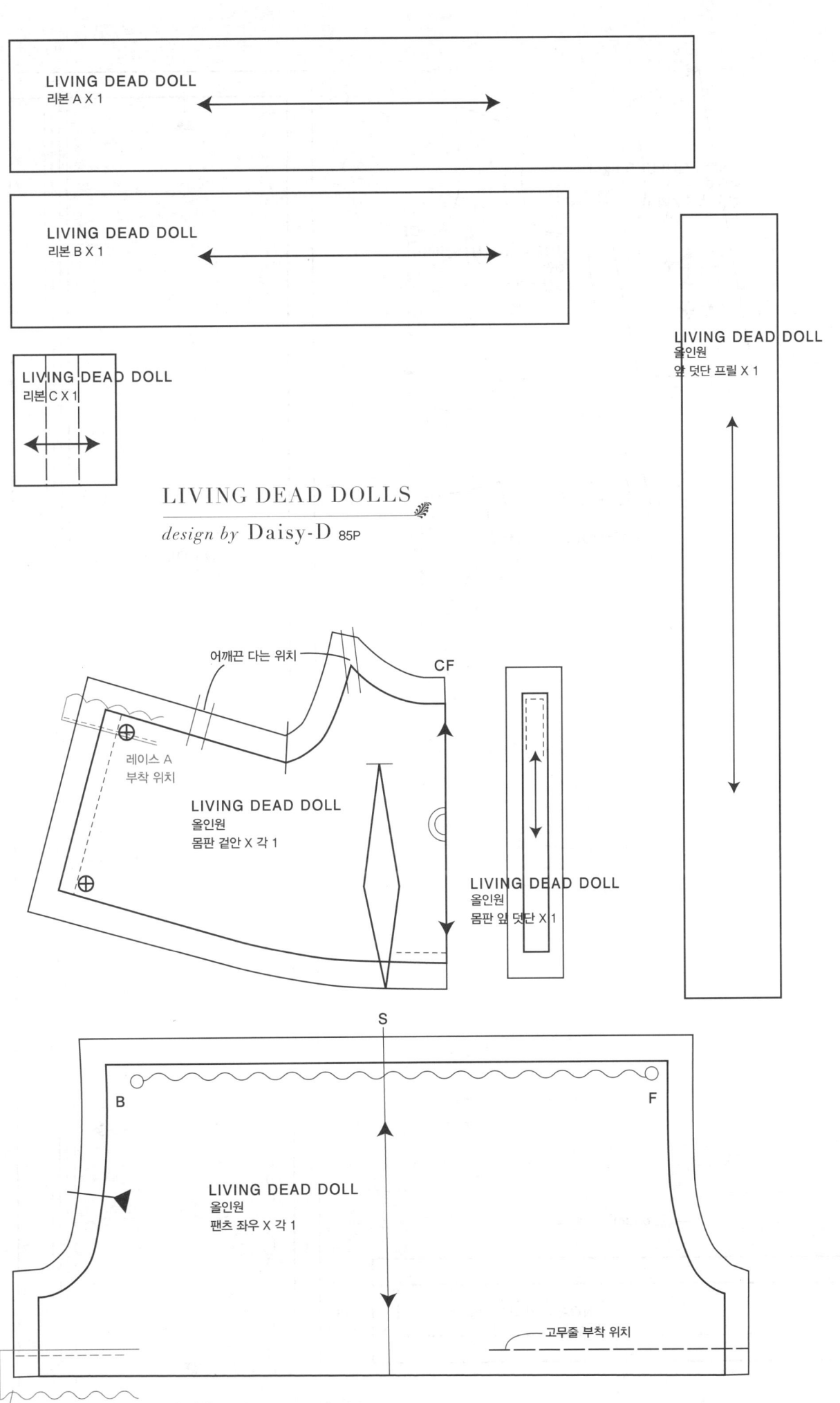

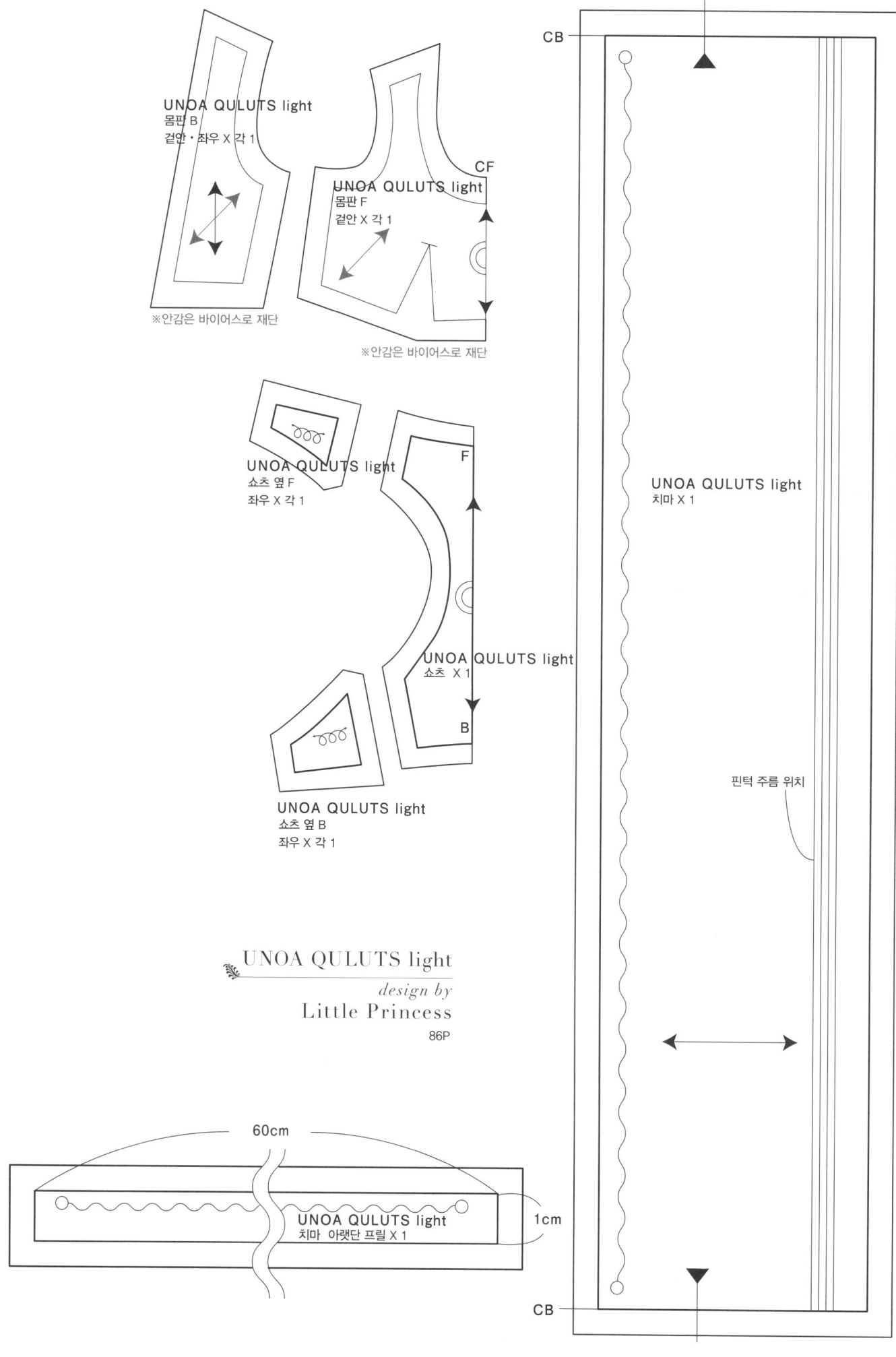

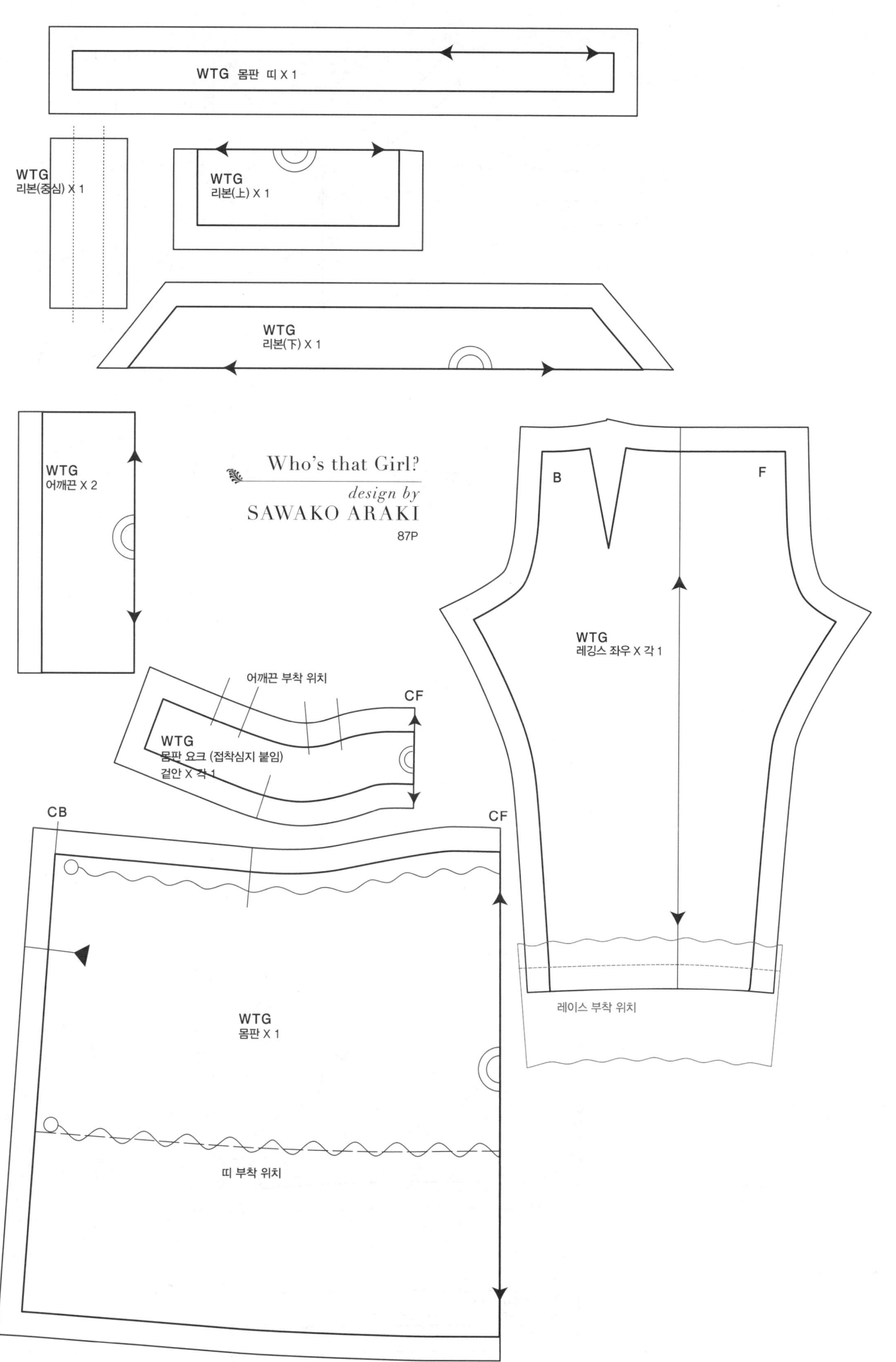

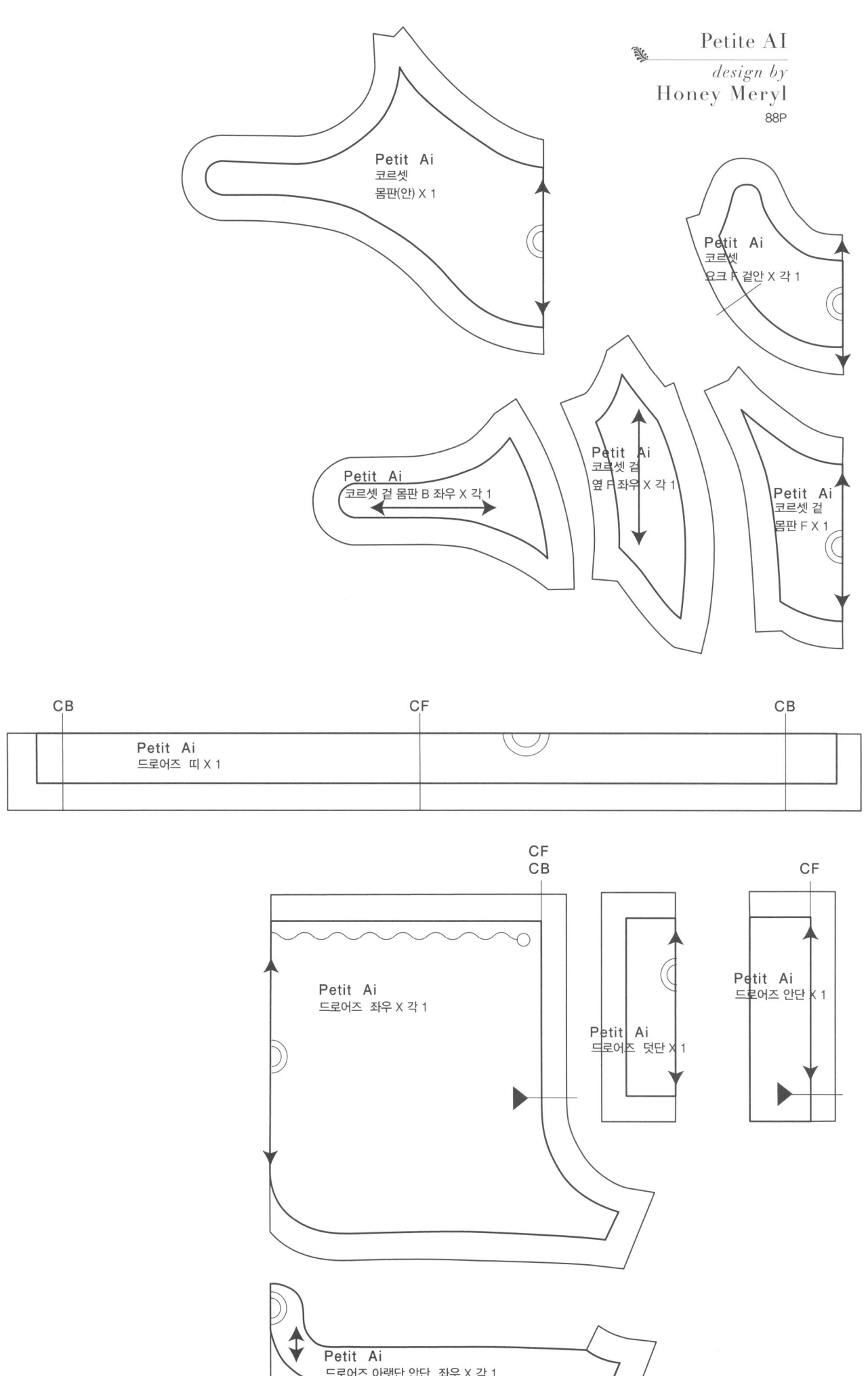

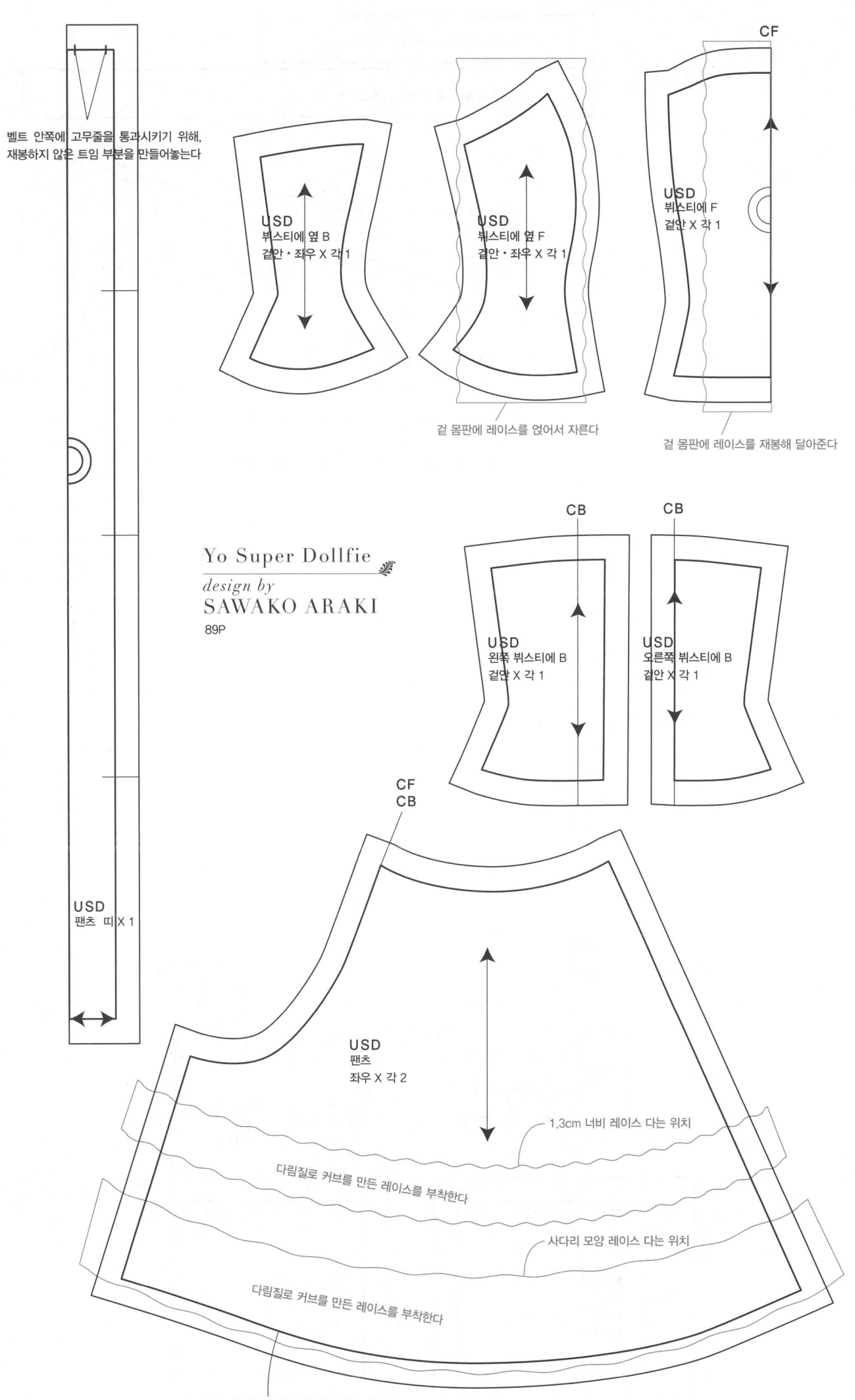

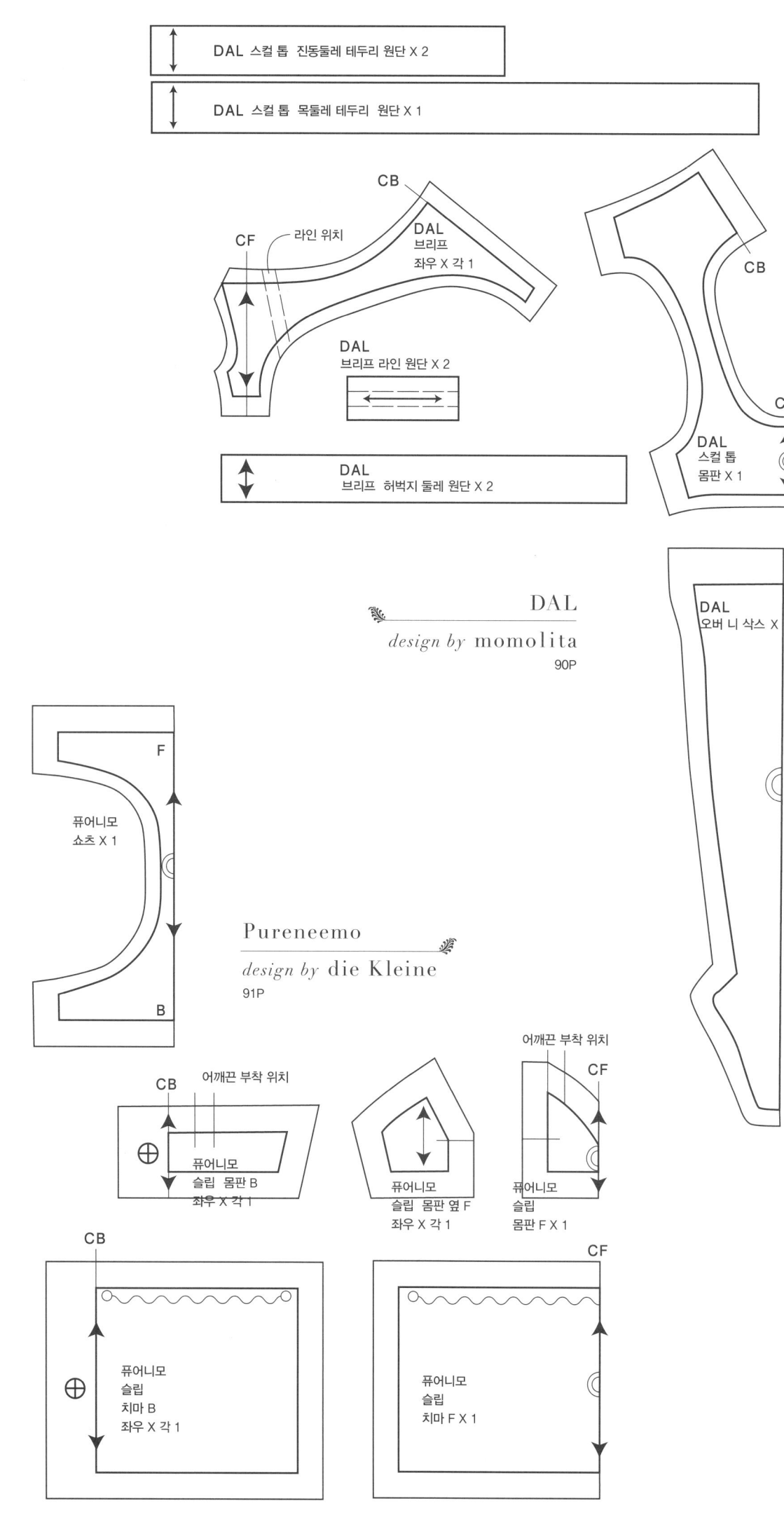

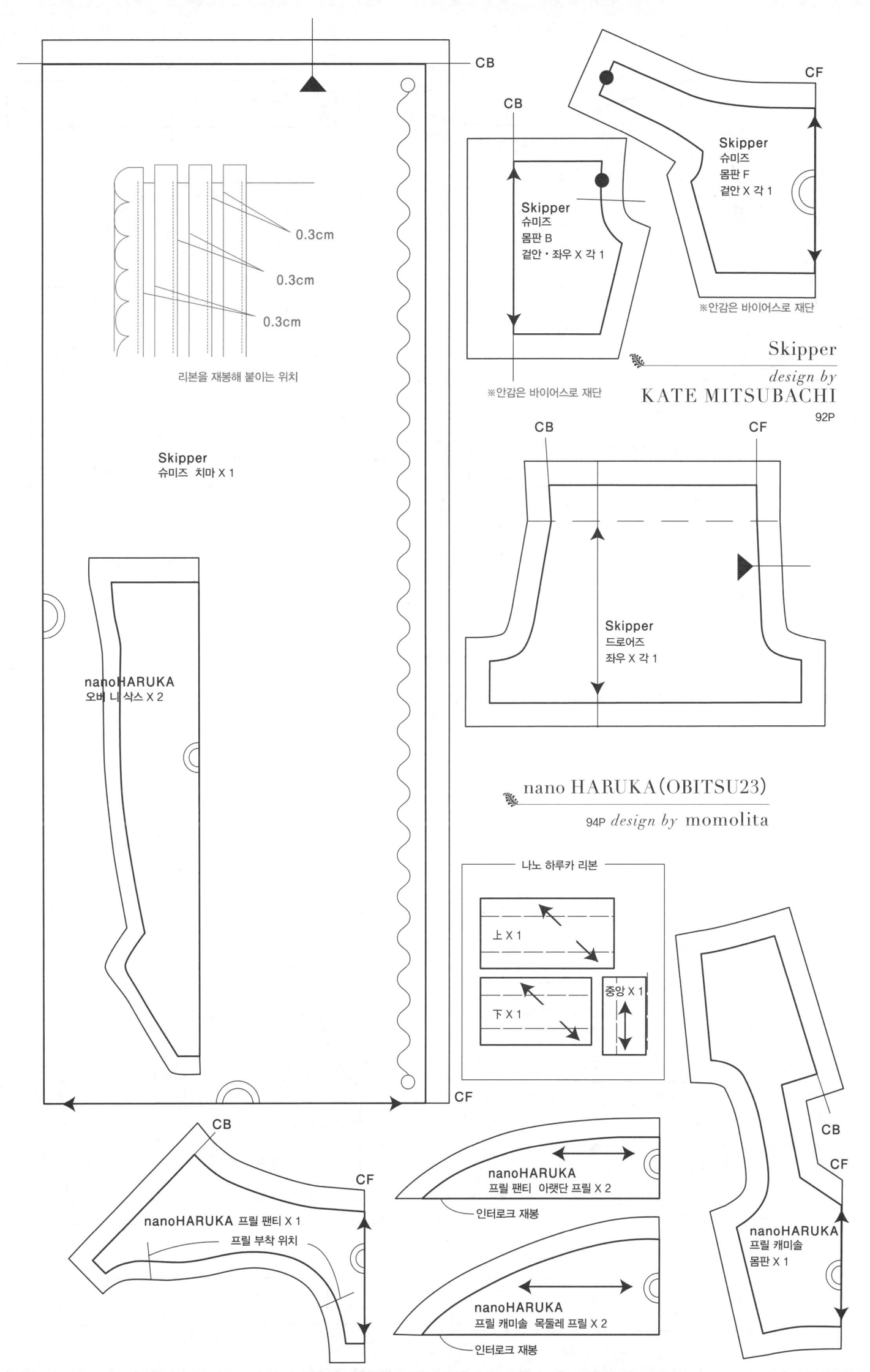

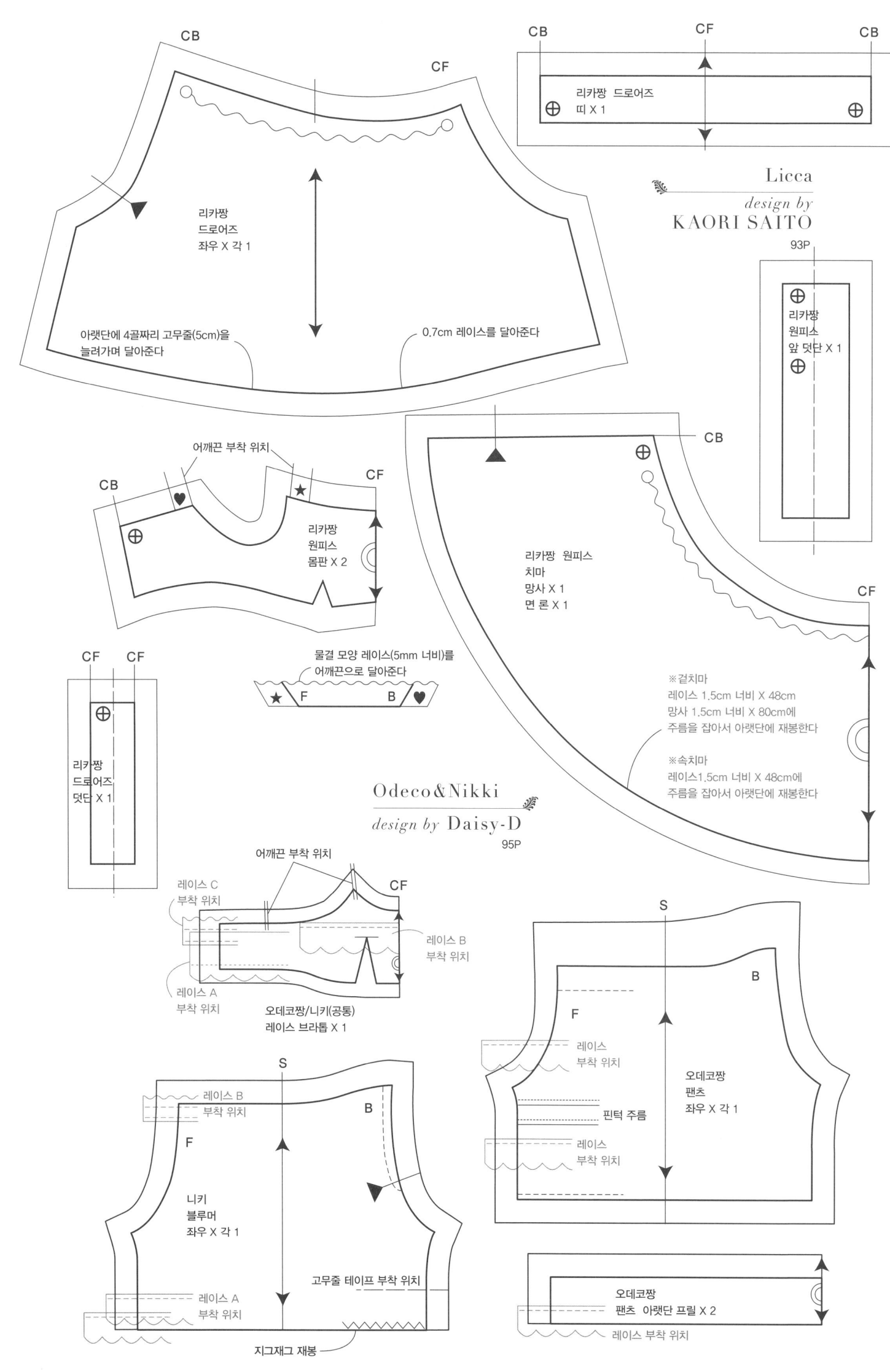

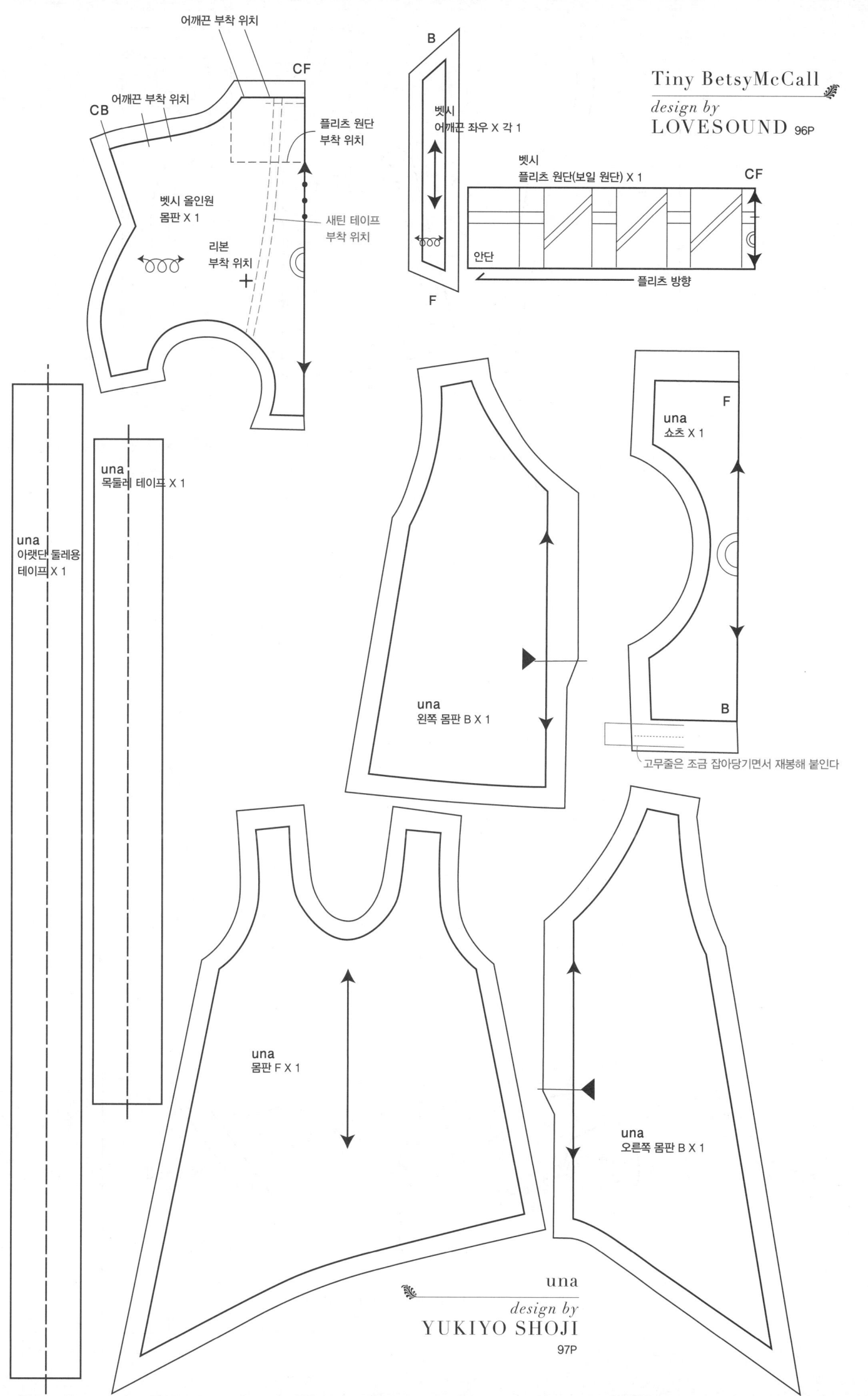

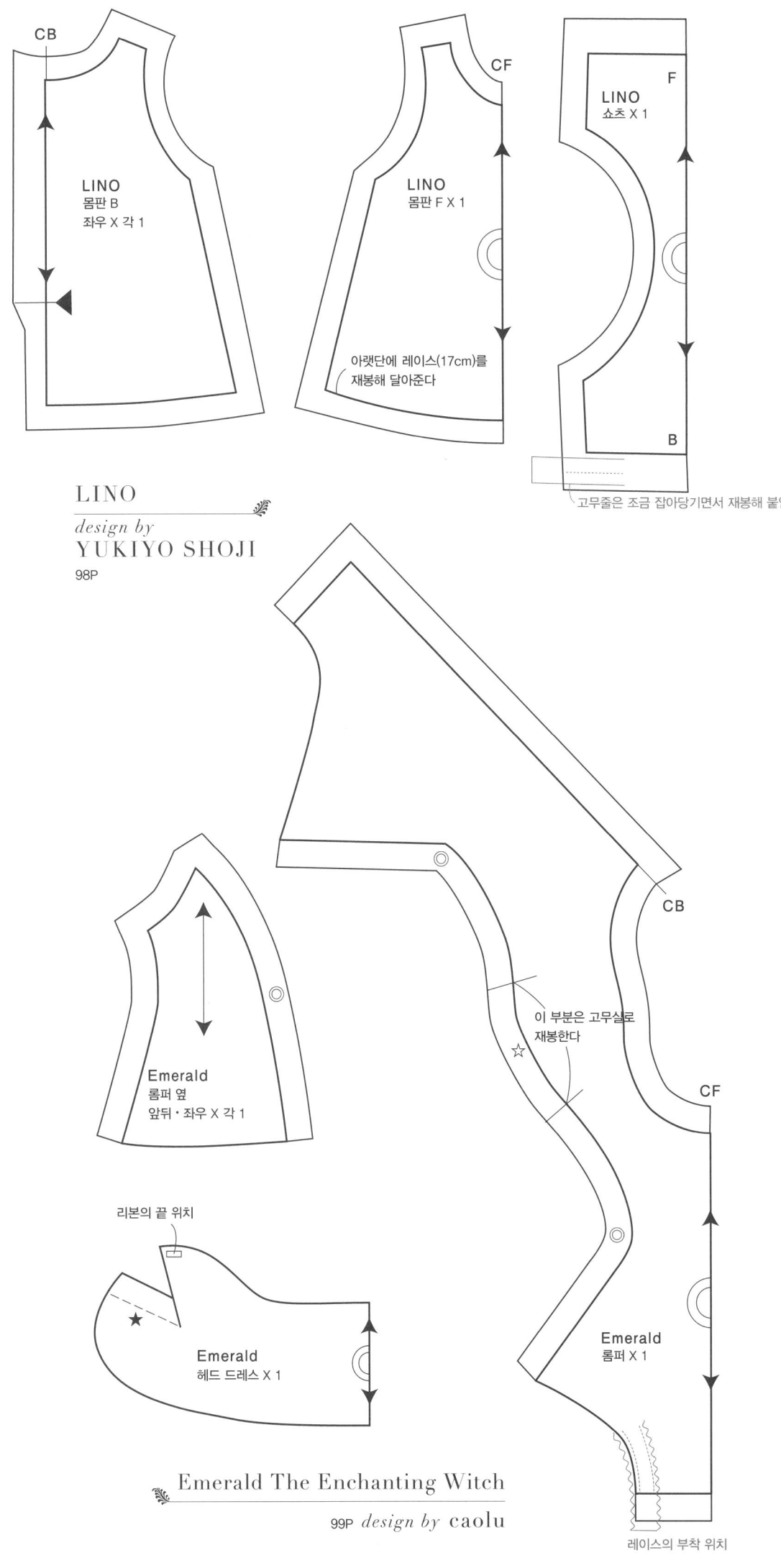

LINO
design by
YUKIYO SHOJI
98P

Emerald The Enchanting Witch
99P *design by* caolu

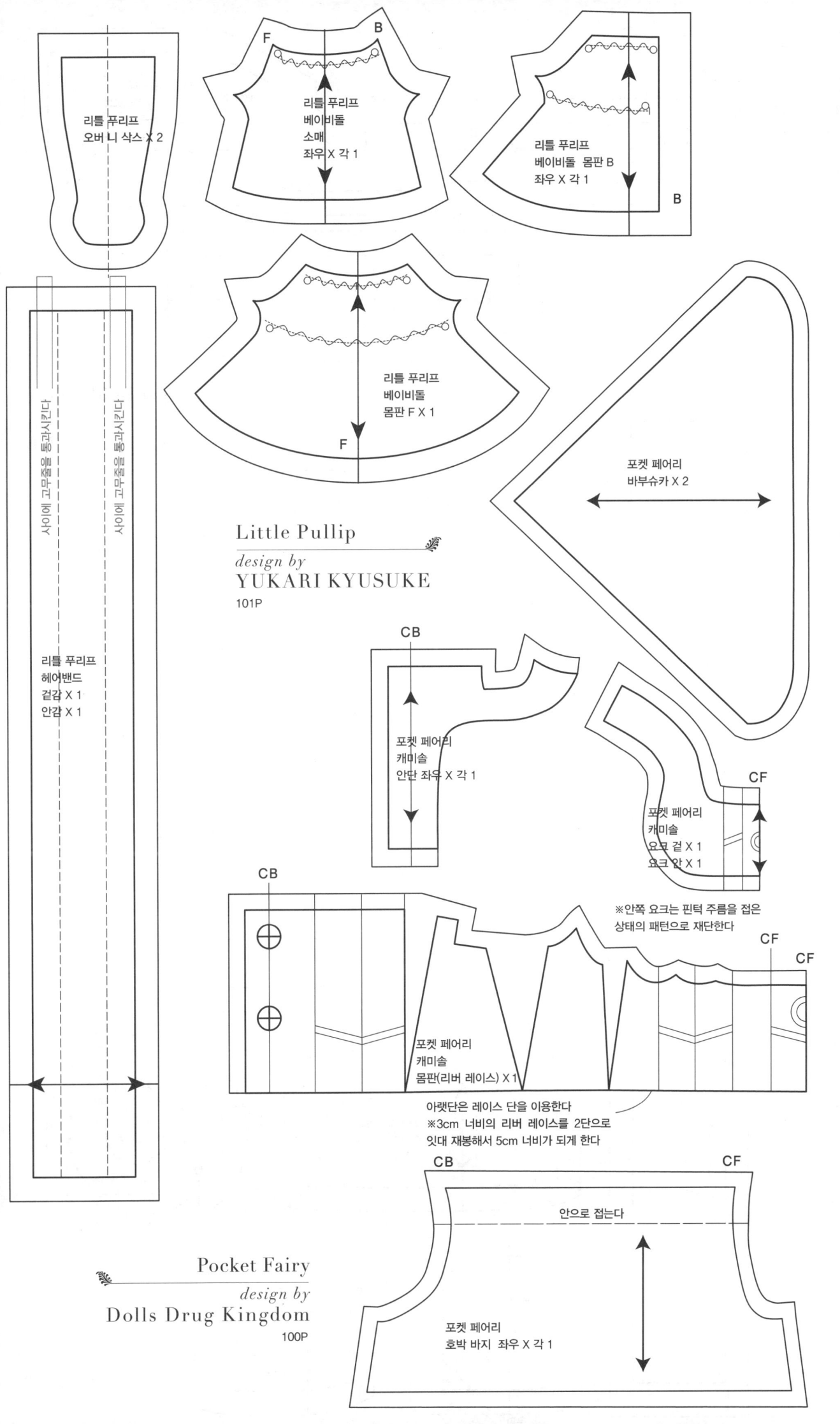

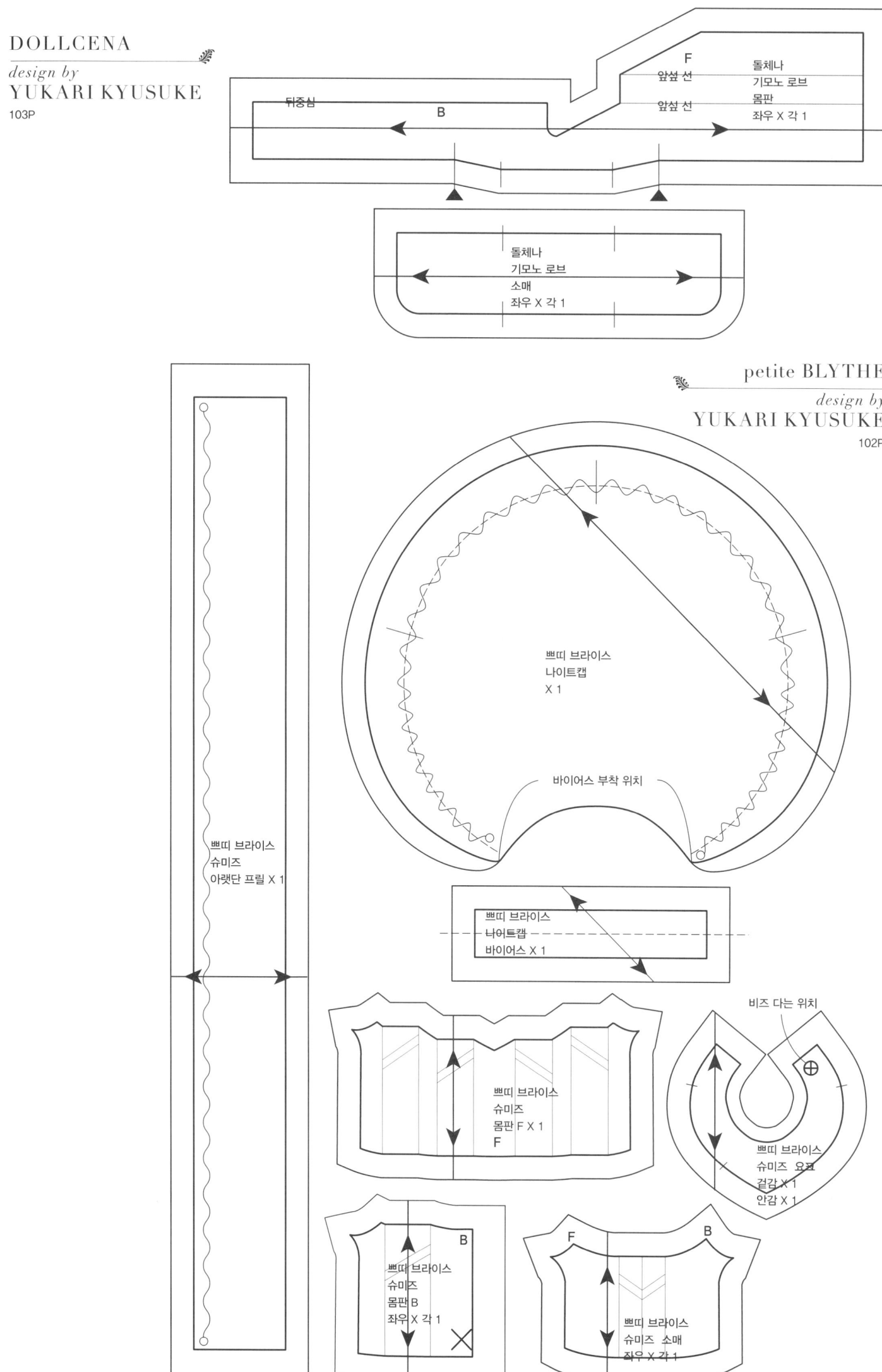

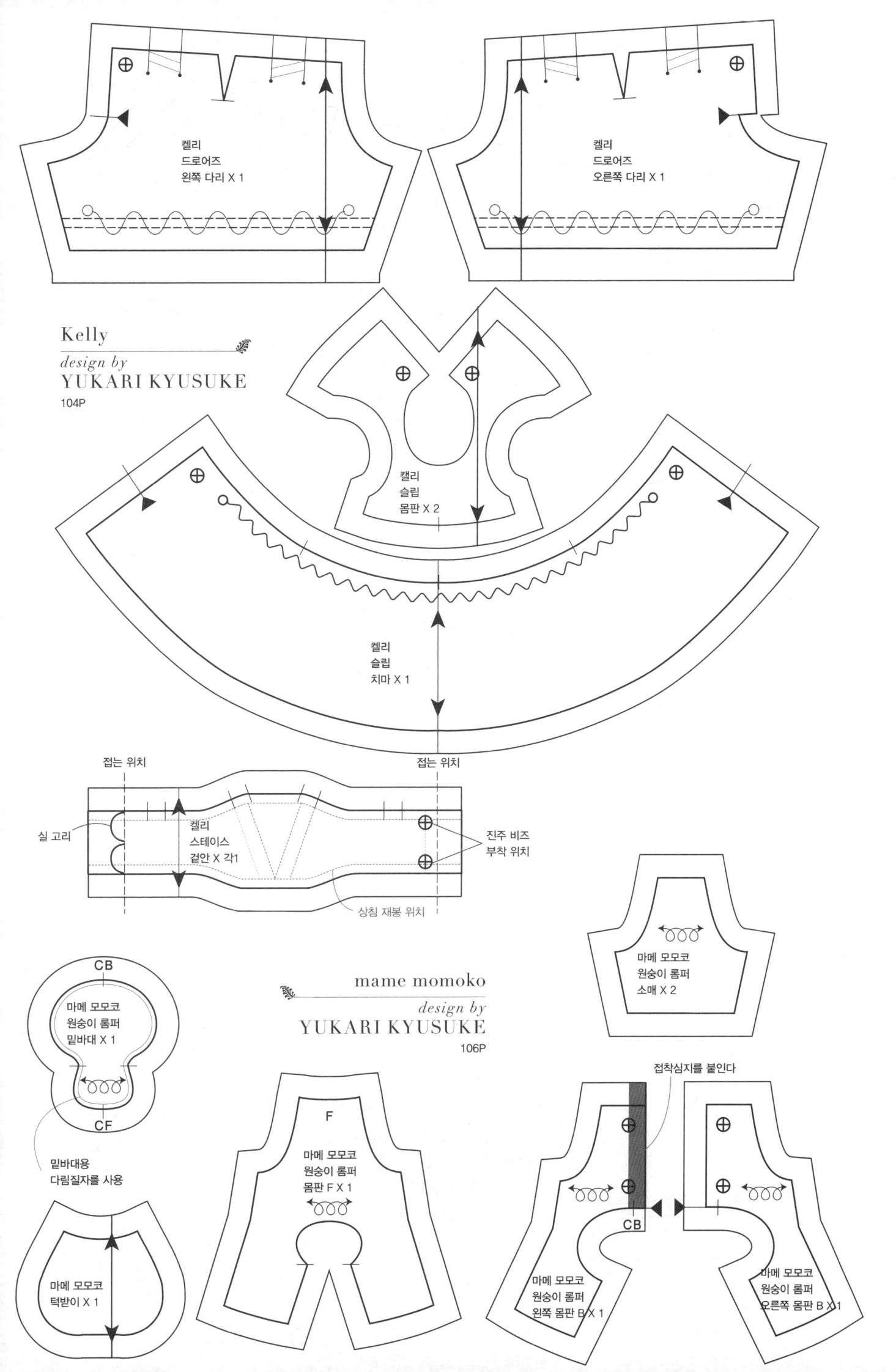

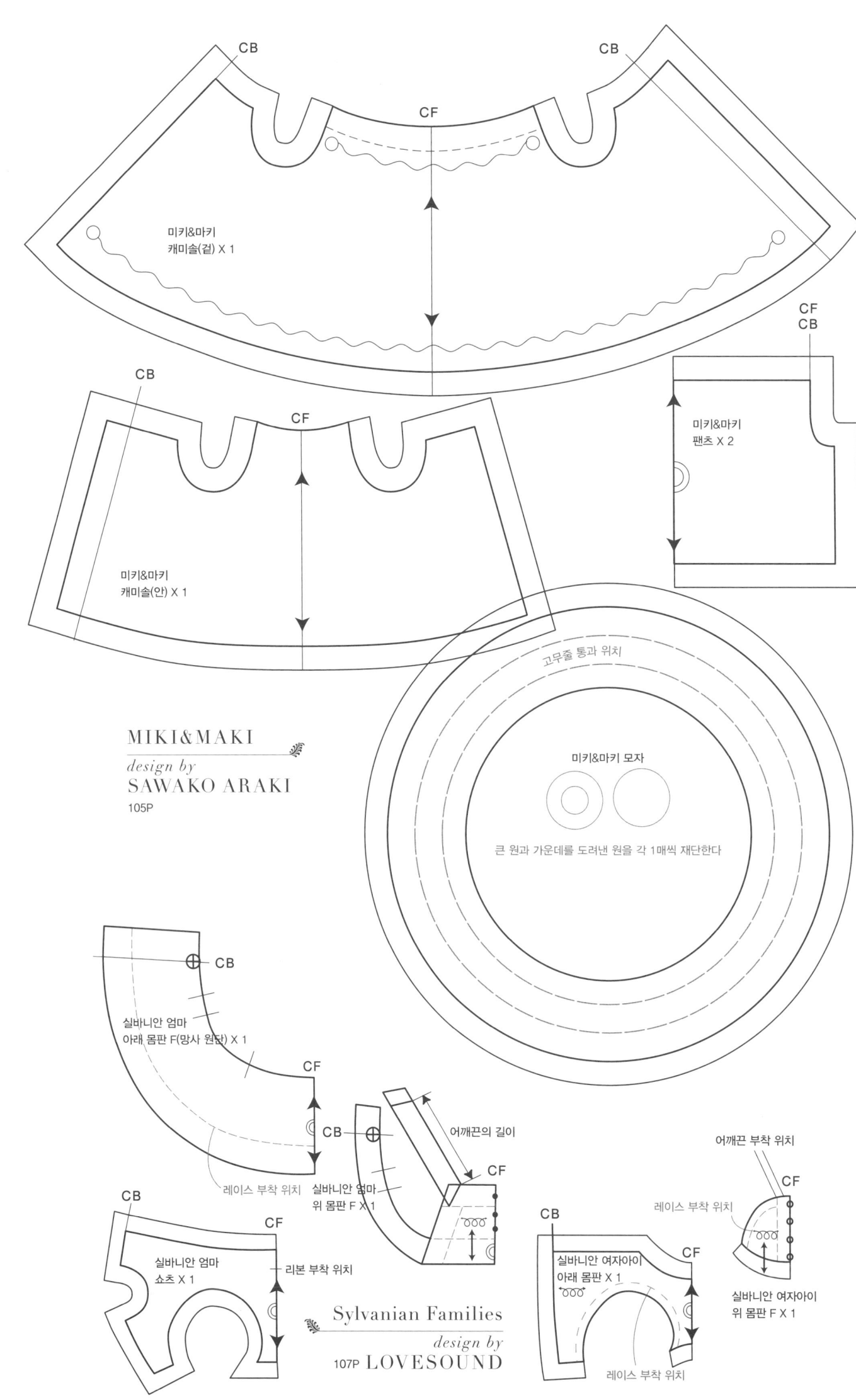

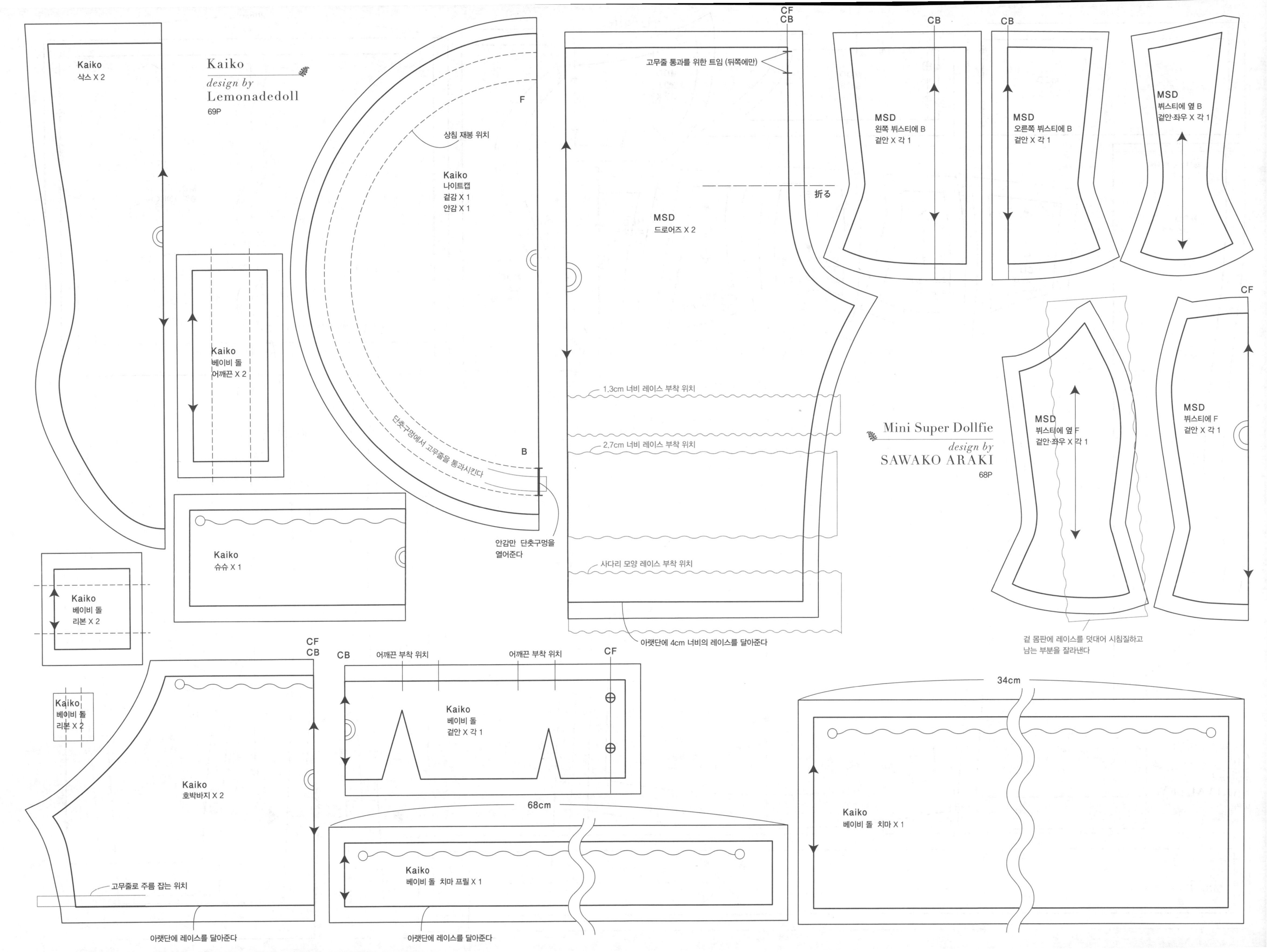

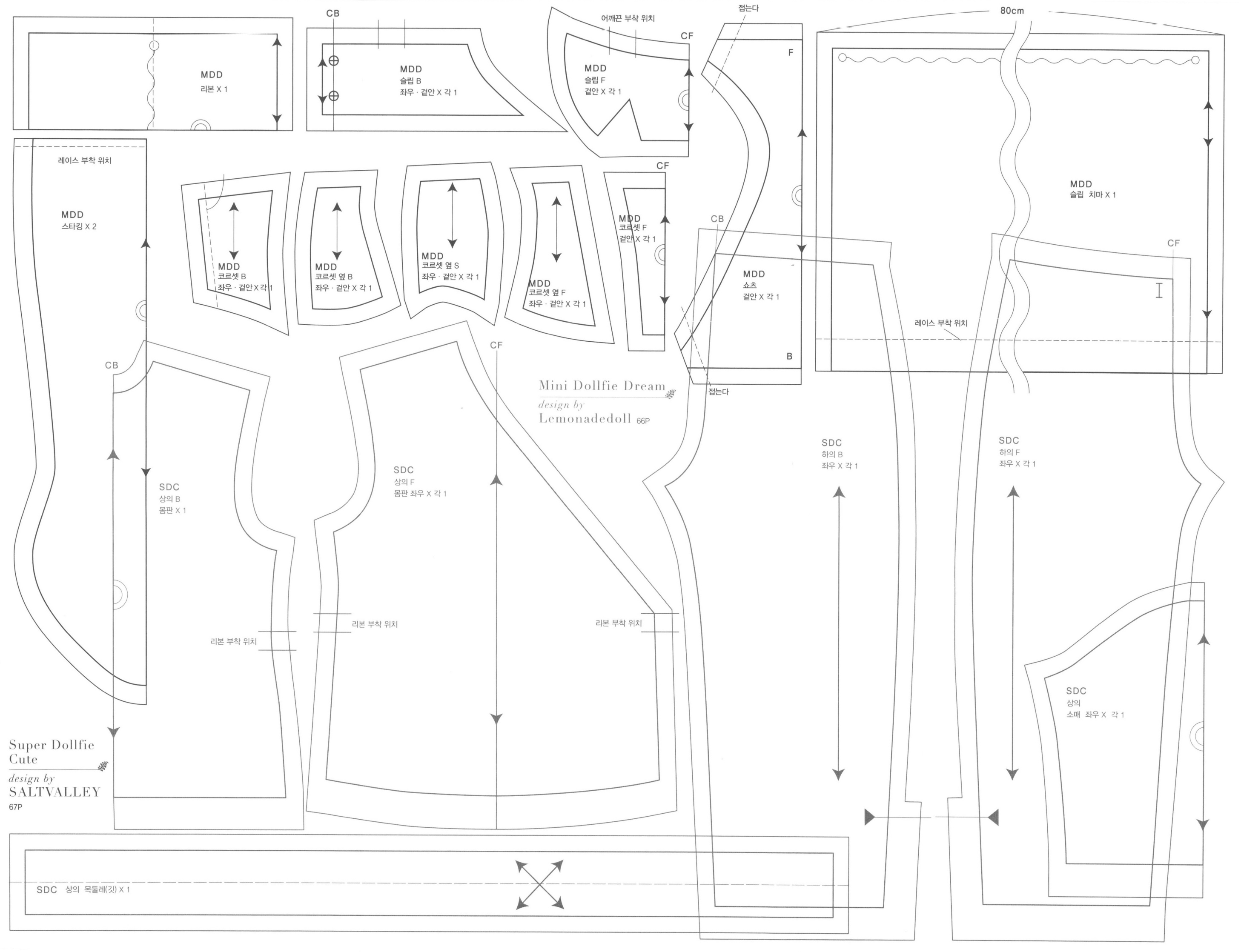

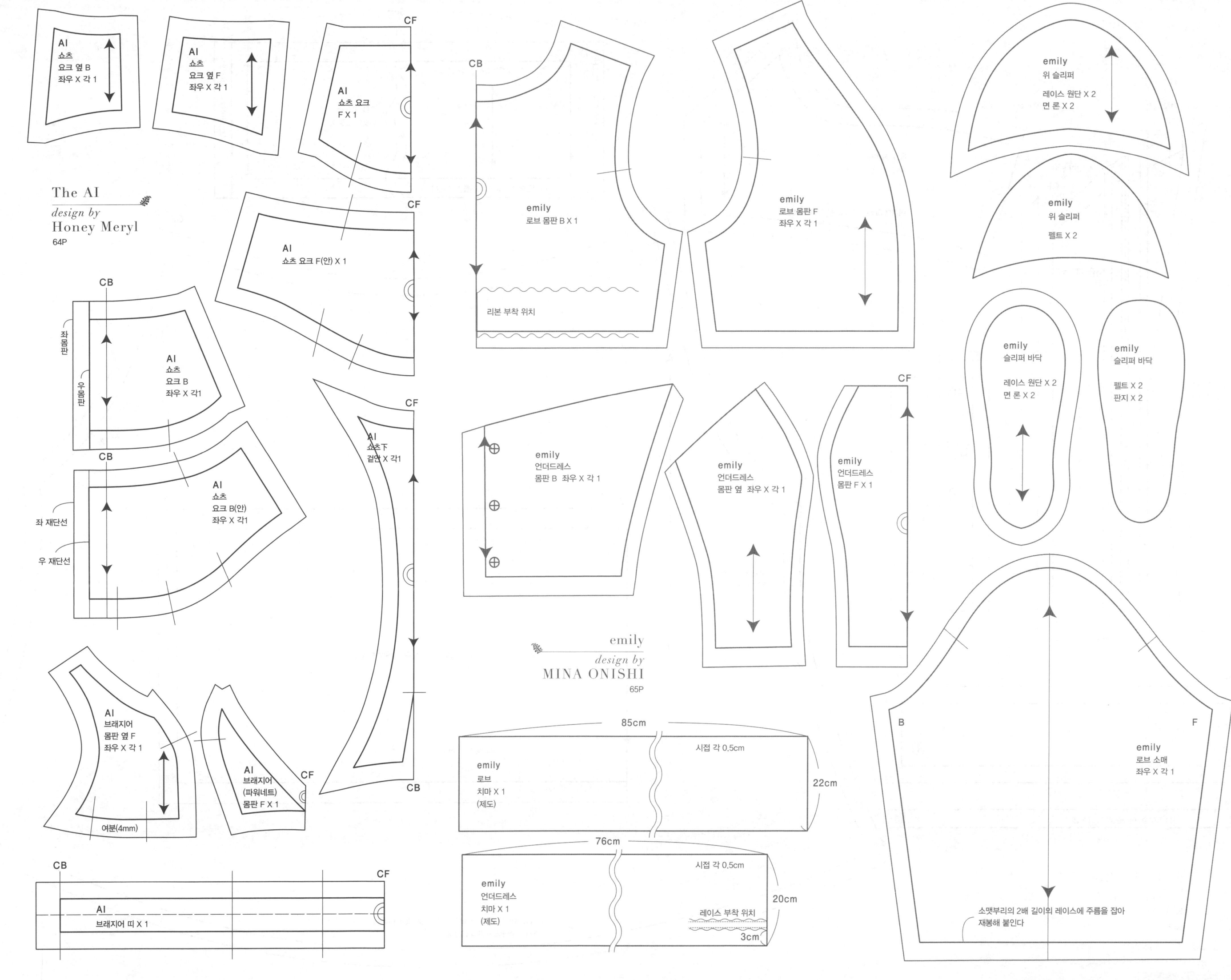

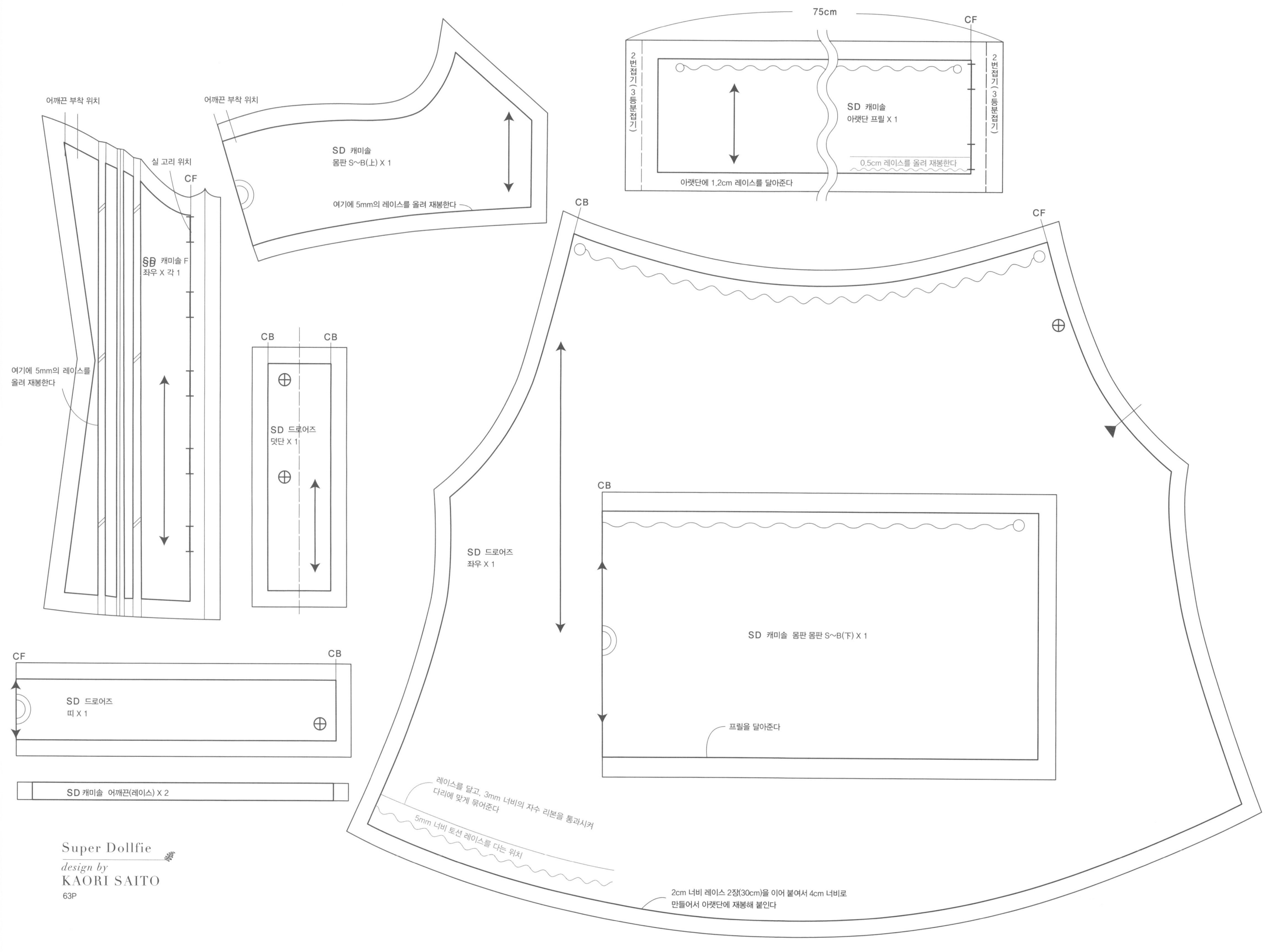

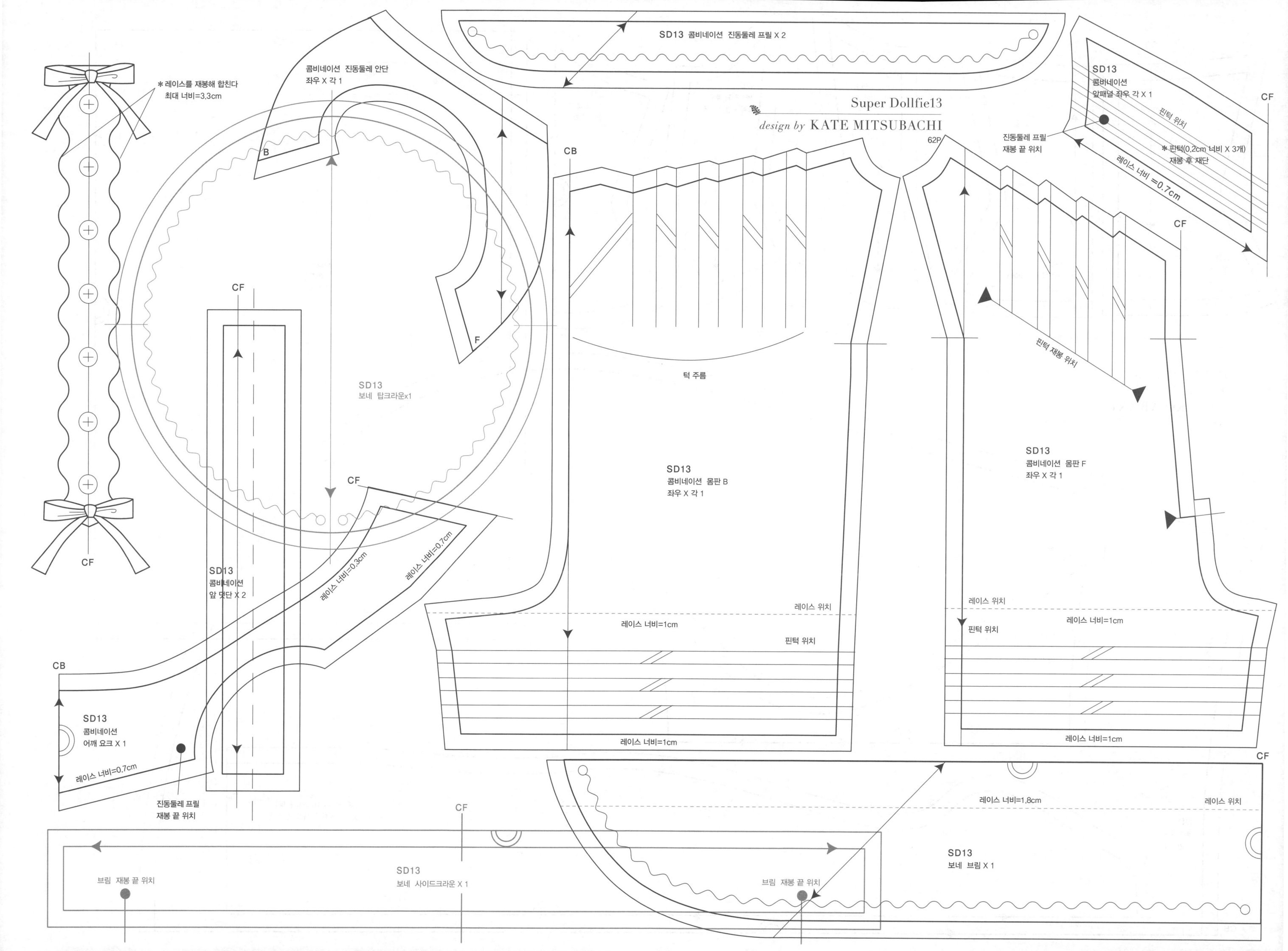

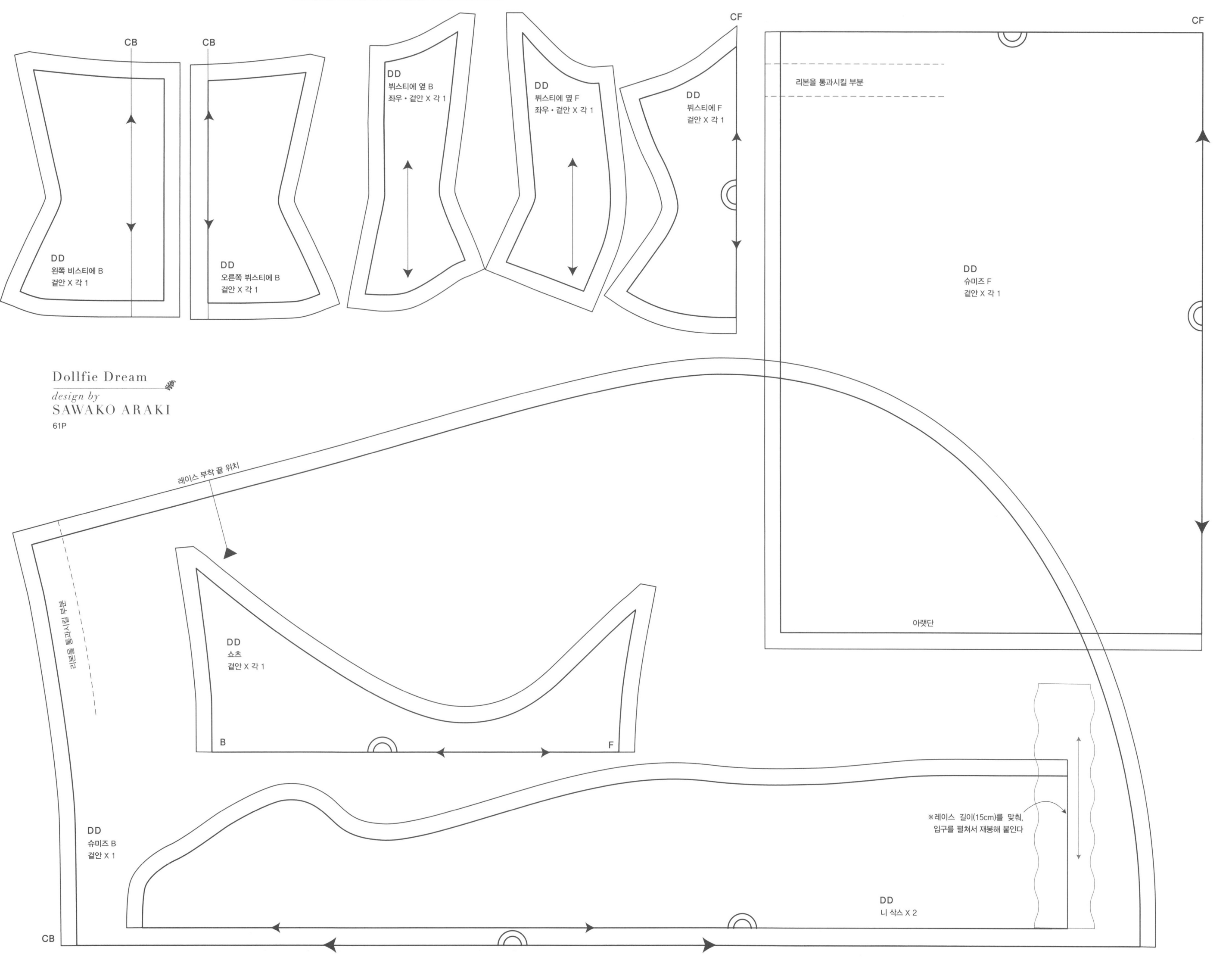

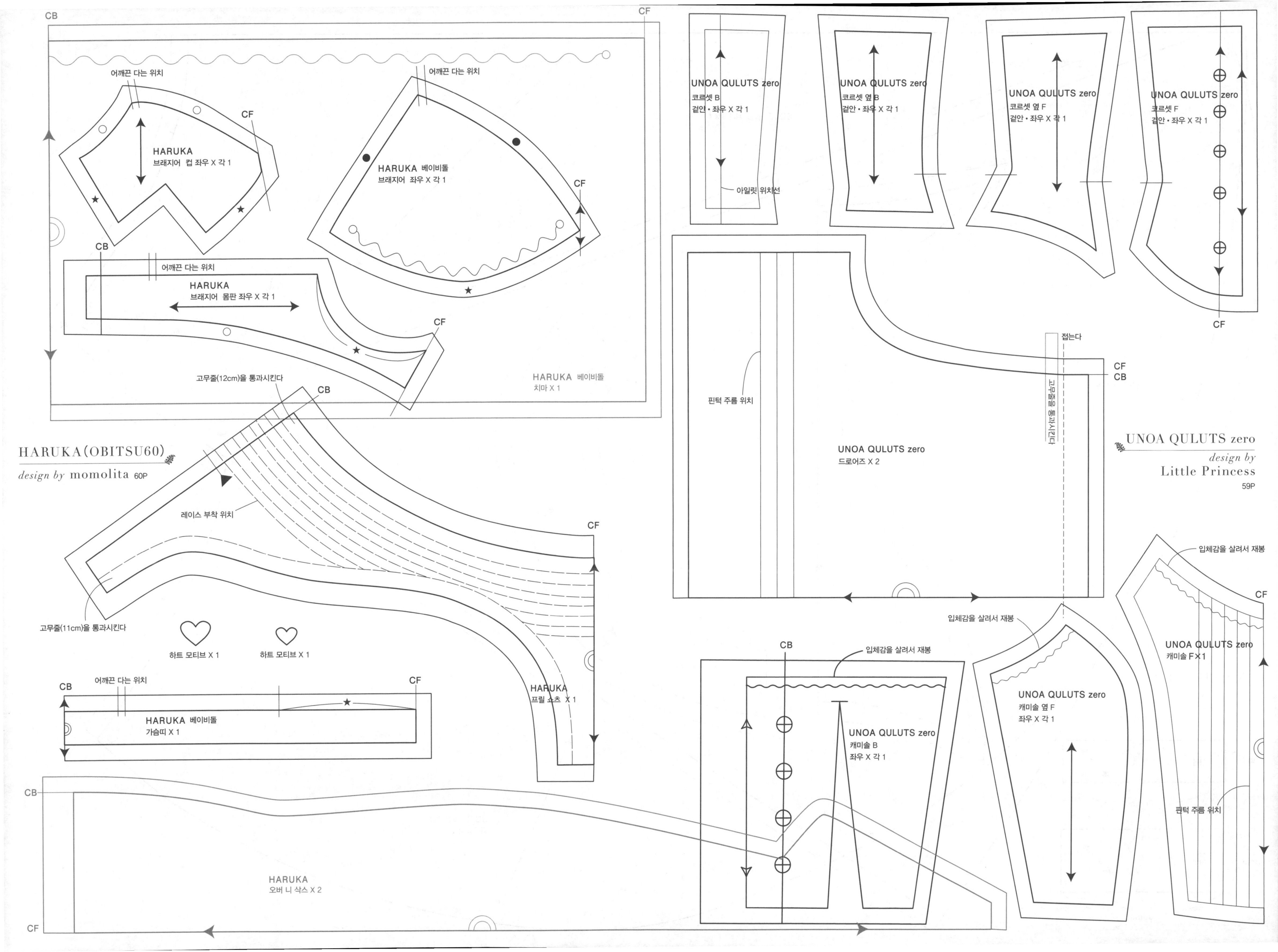

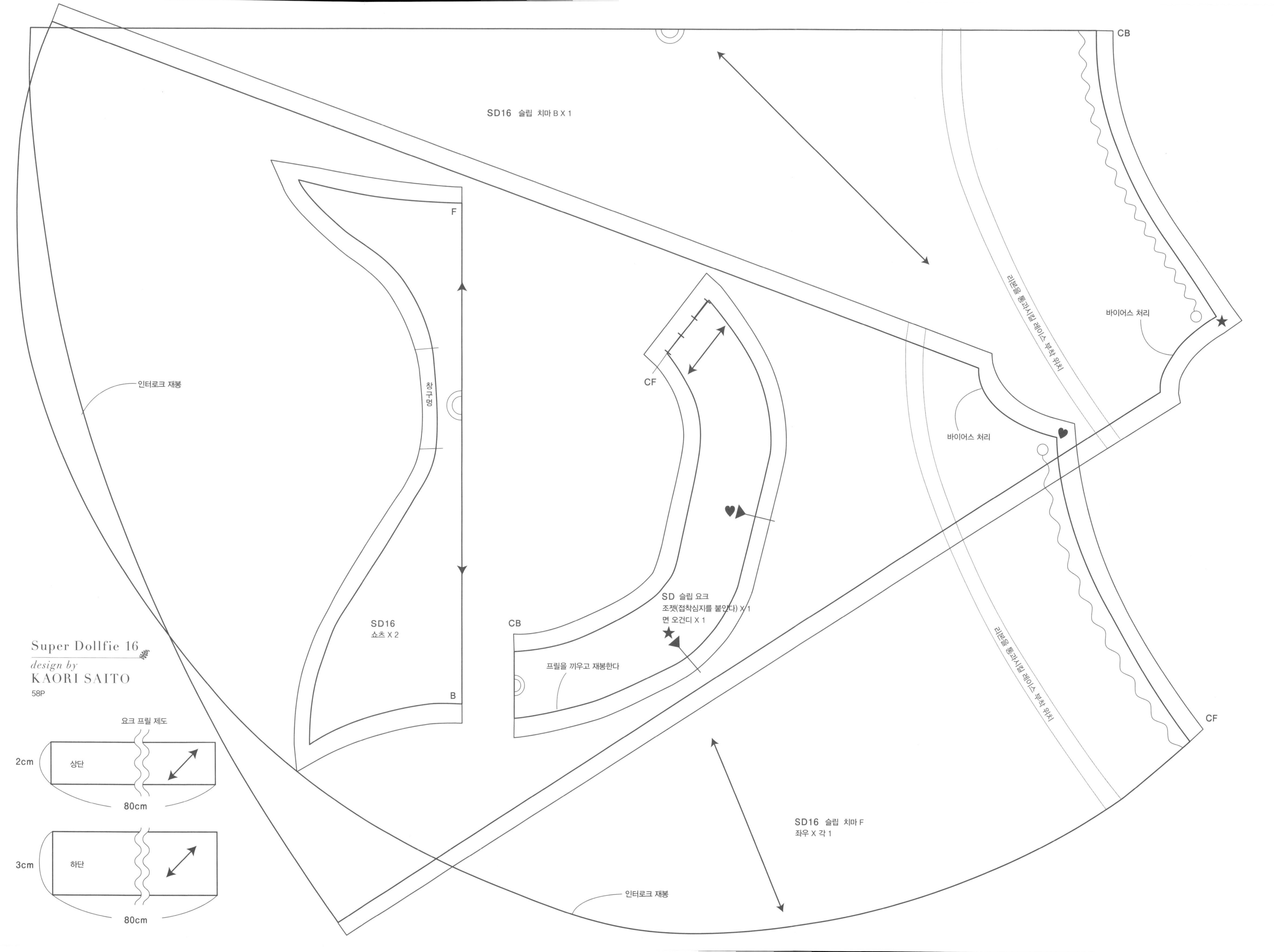